EL CURA POETA

> A todos los amantes de las cosas sencillas y humildes de la vida rural; a todos los espíritus franciscanos. Para que me ayuden.

Casi todos los días, al abrir el periódico, buscamos un tanto precipitados y nerviosos, las líneas en que el poeta traza sus cuadritos de costumbres, que nos tráen oleadas de aire castellano y evocaciones vivas de los paisajes, los hombres y las cosas de nuestros lares, poniendo un poco de amargura en nuestros corazones y despertando en el alma un raudal de nostalgia.

Cotidianamente en un rinconcito amable de "La Gaceta Regional", nos deleitamos con esas flores de sobria belleza y de sencillo encanto que son los versos que humildemente firma un cura rural, M. García.

Para los que en el mosaico multiforme de las páginas de un periódico sólo buscan la frivolidad, el deporte o la noticia estúpidamente sensacional, habrán pasado desapercibidos esos veneros de ternura, esos apuntes costumbristas, maravilla de observación y sentimiento, por los cuales va pasando en facetas distintas, en manifestaciones esporádicas, el alma de las aldeas salmantinas.

Pero para los que con un gesto de asco y de desdén para los exotismos que van falseando y anulando el sentido de las cosas, queremos refugiarnos en la región espiritual en que viven las ideas puras y los sentimientos castos y las concepciones que elevan el Yo hacia ambientes de belleza y serenidad, es una grata fiesta temperamental libar dichas flores de poesía y hacerlas imperecederas para deleitarnos en ella diariamente como en las de aquél inolvidable José María, que tiene un monumento inmortal en el recuerdo de cada uno de sus lectores.

Un poco avergonzado por mí y por todos los que piensan como, yo estimo que no debemos—impasibles—dejar que vayan a perderse en el vacío tales joyas de literatura salmantina, tales encantos de poesía rural. Yo no conozco ni de vista a su autor, pero sé que es cura del pueblo y por lo tanto pobre. Adivino su deseo ferviente de coleccionar sus poesías y editarlas y sé que no puede. Y nosotros deseamos poseer sus versos como los de Gabriel y Galán, como un tesoro.

Aquí de la solidaridad. Vamos a ayudarle sus admiradores. No se trata de una suscripción insincera ni aparatosa de primeras figuras, a la que se acude por compromiso o vanidad. Se trata, mejor, de una colaboración o de constituir una pequeña sociedad tácita. Los admiradores del que yo llamo sin remordimiento discípulo y sucesor del poeta de "Cara al cielo", vamos a asegurarnos sus versos para releerlos y convertirlos de la transmisión fugaz y momentánea de las columnas de un periódico, a la fijeza y expresión constante de las páginas de una edición sencilla y económica. Yo no puedo sino lanzar la idea y acudir de los primeros a la

M. GARCIA

EL PAIS CHARRO

POESIAS REGIONALES

SALAMANCA
IMPRENTA FERREIRA
PADILLEROS, 4
—
1928

© de la presente edición
del 2026:

Editorial Gráficas Maxtor
Fray Luis de León, 20
47002 Valladolid (España)
+34 983 090 110
info@graficasmaxtor.es
www.graficasmaxtor.es

I.S.B.N. 978-84-1171-138-8
depósito legal: DL VA 15-2026

lista con la modestia que me imponen mi nombre y mi cargo. Pero ella queda al cobijo de valedores tan poderosos como esa simpática y sana "Gaceta Regional" y de tanta gente culta como lee y siente esa bendita tierra, mi Salamanca.

Y perdón.

MANUEL M. MATALLANA.

PREFACIO DEL AUTOR

Como verás, amigo lector, en estos *Cuadritos Salmantinos,* según la frase del señor Matallana, se pintan los tipos, las costumbres y el paisaje de la comarca charra, comunes, tal vez, a casi todos los pueblos de Castilla.

Debido a la influencia del ambiente y el paisaje de la tierra castellana, que es seria y meditabunda, el carácter castellano es "idealista" como el caballero de la triste figura, y "místico" como los retratos del Greco; pero más aún, quizá, este carácter es "agudo", como el de Sancho Panza, y "festivo" como el de Santa Teresa en el donaire y los giros de sus libros sacados de la vida cantera del pueblo en que vivió.

El carácter moral de la tierra castellana ofrece, pues, este contraste: alegría y sentimiento, y el libro de versos que quiera reflejarlo fielmente debe estar integrado de poesías "festivas" y poesías "sentimentales", de regocijo y emoción; alternativa que, después de todo, esencialmente constituye la vida humana, caracterizando el espíritu del hombre.

Aunque esta modesta colección, pío lector, no es un libro de meditación, como dijo el P. Coloma de sus "Lecturas Recreativas", lleva, no obstante, en su médula el "sentimiento religioso", que informa aún el espíritu de los pueblos salmantinos, como puede verse en sus fiestas tradicionales, en las costumbres del hogar, en las creencias arraigadas y en las tonadas del labriego, que aún siguen despidiendo el aroma religioso de la veneranda tradición; todo lo cual, en el fondo, constituye el nervio de estos versos.

Y más diré: que si Santa Teresa nos dice con gracia que hasta en la cocina entre los pucheros anda el Señor, tratándose del regodeo del estómago, ¿por qué no ver también al Señor entre estas humildes poesías, dedicadas a la refacción espiritual de los humildes hijos del campo, que además de pan de trigo para el cuerpo, necesitan pan de belleza para el alma?...

No debo terminar este prefacio, sin expresar a la cabeza del libro, mi más profunda gratitud a *La Gaceta Regional* y a unos cuantos hijos entusiastas de esta cristiana tierra salmantina, que inmerecidamente me honraron con el deseo de conservar mis pobres poesías y me ayudaron a coleccionar algunas en un libro, como el que hoy entrañablemente ofrendo a mi país.

POESIAS

ENTRE ENCINAS

La imagen

Desde la Sierra,
cuando en poniente el sol declinaba,
ví las casitas y las encinas
de Aldeacharra...
Sobre una altura
ví el templo en medio de una explanada,
donde celebran las jovencitas
el ofertorio de Santa Agueda
y en la cuaresma juegan al corro
y alegres cantan...
El ancho llano
ví de la plaza,
donde los mozos en los domingos
juegan al calvo o a la palanca
y, al eco dulce del tamboril,
bailan un rato con las zagalas...
Ví el blanco albergue del señor cura
con una parra
y, entre cortinas, lanzando humo,
de los labriegos las casas pardas...
Ví los gañanes con las parejas
en la besana,
donde, incansables como trigueros,
sus populares tonadas cantan...
Ví la corriente de los arroyos,
en cuyas aguas
lavan las mozas de aquella aldea
la ropa blanca...

Los encinares
ví donde en tiempos yo paseaba,
viendo a los chicos
cortar carrascos con la destrala,
atarlos luego con un rabero
y a la costilla llevar la carga...
Y ví las huertas en cuyos fresnos
los ruiseñores en mayo cantan,
y a cuya sombra
yo descansaba
saboreando de un libro ameno
las bellas páginas...
Cuando los rayos del sol poniente
ya se ocultaban
dejé de ver en el horizonte,
con honda pena, la Iglesia santa
y las casitas y las encinas
de Aldeacharra...

SAJERAS DE MALVARIN

Cuando vayas por Sajeras
te recomiendo de veras,
para tu honesto solaz,
que no pases adelante
sin descansar un instante
en casa del montaraz.

Bajo su alta chimenea
el edificio blanquea
encima de una colina,
de donde la vista alcanza
desplegarse en lontananza
un grande monte de encina.

Da grata sombra al corral
un magnífico parral
y perfumes un jardín
y de la puerta delante
se atraviesa vigilante
un pacífico mastín.

Bajo una copuda encina
hay en la era vecina
una mesa de pizarra,
donde merienda en verano
el montaraz campechano
y empina, alegre, la jarra...

El montaraz una esposa
tiene, honesta y hacendosa,
limpia como una patena,
que madruga con el día
y con su innata alegría
a todos quita la pena.

El montaraz es moreno,
tan sencillo como bueno

y de calma y reflexión;
de poca palabrería,
pero de mucha hidalguía
y correcta educación.
   Entre carrascos nacidas,
como sus troncos fornidas,
como las copas bizarras,
el montaraz de Sajeras
tiene tres hijas solteras,
tres hermosas hijas charras.

   En las pocas ocasiones
que asisten a las funciones
de los próximos lugares
causan gozo verdadero
por su garbo y su salero
y sus galas y collares...
   Han pasado muchos años
y mil sucesos extraños
entre tanto han ocurrido;
el montaraz ha enviudado,
segunda vez se ha casado
y otros hijos ha tenido.
   Las tres mozas, ya cansadas
de estar en el monte aisladas
y permanecer solteras,
con labriegos se casaron
y a lugares se marcharon
inmediatos a Sajeras.

   Y en una próxima villa
con una charra sencilla
y de buena posición
se casó su hijo bizarro,
que es un arrogante charro
que no ha dejado el calzón.
   La segunda montaraza
por su gordura y cachaza
de su esposo es embeleso,
pues estaba en las espinas
y adquirió entre las encinas
más de cien kilos de peso.
   El día del cumpleaños
acuden todos los años

a ofrecerle sus respetos
al buen anciano a Sajeras
sus hijos, yernos y nueras
y una cáfila de nietos.

Y también anualmente
el abuelo complaciente
monta en su potro castizo
y a su familia va a honrar
en el santo del lugar,
la matanza y el bautizo.

La montaraza que es buena
guarda siempre en la alacena
un magnífico puchero
de leche sabrosa y pura
para darle un vaso al cura
de la parroquia de Ituero.

Cuando vayas por Sajeras
te recomiendo de veras,
para tu honesto solaz,
que no pases adelante
sin descansar un instante
en casa del montaraz...

LABRADORA

Desde que rayó la aurora,
alegre y madrugadora,
con su pajizo sombrero
entró en el huerto casero
la arrogante labradora.

La Madre Naturaleza
dióle exceso de belleza:
correcto y fino semblante,
alto seno palpitante
y gallarda gentileza.

Dióle una voz afinada
y una alegre carcajada,
que rebosa simpatía:
mas ¡ay! la dejó dotada
también de dolo y falsía.

Lo fugaz de sus amores
cuéntanlo diariamente
despechados labradores,
a quienes pagó cruelmente
con amargos sinsabores.

La taimada burladora,
con falacia engañadora,
dice a sus enamorados
que le bastan sus cuidados
de hacendada labradora.

Ella blanquea la casa,
guisa el rancho en la cocina,
la ropa blanca repasa,
en el cernidero masa
y en todas partes trajina.

Ella, con su blanca mano,
acostumbra en primavera

sembrar el fruto temprano,
y a avalear en la era
va en las tardes de verano.

A lucirse en las funciones
y bodas de sus parientes,
va con sus finos mantones
de rameados crespones
y magníficos pendientes.

En bromas es la primera,
por su carácter jovial,
y con devoción cincera
enciende abundante cera
en la misa parroquial.

Suele ser con los mendigos
limosnera y cariñosa,
liberal con los amigos,
pero con los enemigos
se pasa de maliciosa.

Aunque de fina garganta,
la labradora no canta,
porque en la Vieja Castilla,
tierra adusta, tierra santa.
la mujer es muy sencilla.

Se hace peinado de raya,
que es aquí tradicional,
se viste con ancha saya,
y adonde quiera que vaya,
monta en burra patriarcal.

En busca de sus dineros
preténdenla inútilmente
elegantes caballeros,
pues los desaira igualmente
que a los rudos ganaderos...

* * *

Yo auguro que esta lozana
y desdeñosa aldeana,
por temor a malograrse,
acabará por casarse
y será *madre* mañana...

LA TARDE

En las calles brillar se veían
    las luces eléctricas
como gotas de oro que el cielo
    llovía en la tierra...
El reloj repetía las horas
    con grave cadencia;
la lechuza graznaba en la alta
    torre de la iglesia...
Entonaban los gallos sus cantos
    con brío y con fuerza
husmeaban los perros hambrientos
    por las callejuelas...
En sus pobres establos rumiaban
    las vacas y ovejas,
repicando sonoras esquilas,
    alegres cencerras...
Su *cro, cro,* repetían las ranas
    allá en la ribera
y la nota aflautada del sapo
    se oía en la vega...
Alegre el ruiseñor gorjeaba
    en la verde selva
y sollozaba el triste mochuelo
    posado en la peña...
Blanqueaba en el cielo la luna
    como una azucena;
palpitaban como corazones
    los rojas estrellas...
Susurraba la brisa en las ramas
    de las madreselvas,
impregnando el jardín de olorosas
    y finas esencias...

A la pálida luz de la luna,
del laúd las cuerdas,
bajo el verde laurel de su huerto,
tañía el poeta...
En las calles seguían brillando
las luces eléctricas
y dormían en paz los vecinos
de la humilde aldea...

PLAZA LUGAREÑA

En el alegre portal
de la aldea patriarcal
se sienta a tomar el sol
el mujerío español
desde tiempo inmemorial.
   Hay un árbol en la plaza...
En los poyos con cachaza
se aposentan las vecinas...
Muerde un párvulo la hogaza...
Cacarean las gallinas...
   En su potro caballero
llega un bizarro montero
luciendo rica montura
a la puerta del herrero
a herrar la cabalgadura...
   De la próxima estación
ha llegado el peatón
con las cartas lastimeras
de las clases jornaleras
que están en la emigración.
   Al rayar el mediodía,
con gallarda gentileza
y con jovial alegría,
con su rancho a la cabeza
sale al campo Ana María.
   Un momento la solana
de la aldea castellana
ha quedado sin vecinas...
Duermen llenas de galvana
en el polvo las gallinas...

* * *

22

Reanúdanse en el portal
de la aldea patriarcal
las mismas conversaciones...
Petra zurce unos calzones.
Juana remienda un costal...
Detrás de su lazarillo
llega un ciego mendicante,
y al compás del guitarrillo
con acento suplicante
entona un cantar sencillo...
Con acompasado andar
pasa en su mula el doctor
del inmediato lugar,
que ha venido a visitar
a algún rico labrador...
Suspiran las golondrinas,
macha el ajo la cigüeña;
mientras siguen parlanchinas
tomando el sol las vecinas
en la plaza lugareña.

DEVOCIONES CHARRAS

En el mes de octubre
con gran fe el rosario
rezan estos viejos
pueblos castellanos.
A la iglesia acuden
al toque del "ángelus"
multitud de viejas,
mozas y muchachos.
Los hombres, rendidos
de sembrar los campos,
al pie de la lumbre
quedan descansando.
Rezan las devotas
el santo Rosario
y al hogar tranquilo
vuelven paso a paso.
Las mozas talludas
con los mozos charros
camino de casa
platican un rato.
—¿Ande vas mañana?
—A estercar los llanos.
—Yo voy a lavar
la ropa al regato.
—Pues por ahí vuelvo
dispués con el carro
y, si no te has ido,
te traeré el canasto.
—Deja de charlar
y no seas pelmazo,
que va a rezongarme

mi madre, si tardo.
 —¿Qué venera es esa
que llevas colgando?
 —Una calabaza
 —Sabel, me he colado...
 Así de sencillos
son los aldeanos:
toscos en la forma
y en el fondo honrados.

 Rezan a la Virgen
con fervor cristiano...
Se quieren de veras
con amores castos...

 Las viejas, que el peso
sienten de los años,
para morir santas
rezan el Rosario.

 Las mozas, que piensan
en mudar de estado,
piden que la Virgen
les haga el milagro.

 Las ancianas mueren
limpias de pecado
y los huesos dejan
en el camposanto.

 Las mozas se casan,
tarde que temprano,
y el hogar alegran
con lindos muchachos...

 ¡Qué dulce es la vida
de los pobres charros!...
¡Qué santa la muerte,
rezando el rosario!...

ALDEA SALMANTINA

A las orillas del Tormes,
sobre una loma escarpada,
rodeada de sembrados
y de encinas centenarias,
se tiende la humilde aldea
del campo de Salamanca.
Aunque los charros de hoy
visten con traje de pana,
y aunque las charras se abrigan
con jersé y modesta bata,
son tan charros como siempre,
dentro y fuera de su casa;
pues, si bien en el domingo
los hombres lucen corbata,
en los días de labor
salen a arar la senara,
y ellas, aunque se laven,
con jabón Heno de Pravia,
van en verano a espigar
y en primavera a la escarda,
parecidos en el fondo
a Sancho y Teresa Panza...
En el domingo no hay
quien a la iglesia no vaya,
a oír del buen sacristán
las voces desentonadas
que, formando largas colas,
lanza su ronca garganta.
A la salida de misa
juegan un rato en la plaza,
los hombres a la rayuela
y los chicos a la tángana.
Por ser domingo se comen

a mediodía tajadas,
se compra un jarro de vino
para mojar la palabra
y se echa un perro de chochos,
que es el postre que más gastan.

Por la tarde en el ejido
o en el centro de la plaza
toca un mal tamborilero
unas discordantes danzas
y un rato los mozos charros
bailan con las mozas charras.

Cuando empieza a obscurecer
óyense de la campana
los tañidos, y las gentes
se retiran a sus casas
a rezar las oraciones
y encomendar a las ánimas...

Es de noche. En sus albergues
los labradores descansan
y los luceros alumbran
la alquería solitaria,
cuyo sepulcral silencio
interrumpen las tonadas
que los mozos rondadores
con sonoras voces cantan...

De los pueblos salmantinos
esta es la vida ordinaria.
Se progresa poco en ellos,
pero la vida es muy sana,
reina poco la ambición,
las pasiones están mansas
y hace pequeños los males
la resignación cristiana.

Tranquilamente las horas
así en la aldea se pasan.
Poco a poco van los años
envejeciendo las caras
y, al fin, se paga tributo
a la inexorable Parca,
volviendo al polvo los cuerpos,
volando al cielo las almas...

LA HIJA DEL CAMPANERO...

La hija del campanero
de la aldea salmantina,
que entre montes se reclina
en la falda de un otero,
tiene un rostro placentero,
una forma escultural,
una voz angelical,
una rubia cabellera,
una sonrisa hechicera
y... una fuerza colosal.

———

En las alegres mañanas,
y tardes y mediodías,
llena el aire de armonías,
repicando las campanas.
En los huertos y solanas
al oirla repicar
en las fiestas de guardar,
se "jatea" más que aprisa
la gente para ir a misa
a la ermita del lugar.

———

Con su padre que es cantor,
en las clásicas funciones
de ofertorios y patrones
canta la misa mayor.
El es un fino "tenor"
y ella una "tiple" excelente,
y tan armónicamente
los dos elevan su canto
que dentro del templo santo
goza, oyéndolos la gente.

Además de ser cantora,
la hija del campanero
al más duro jornalero
le apuesta a trabajadora.
Es tan fina segadora
que cuando llega el verano
con el hocino en la mano
recorre todo el partido,
para lucir un vestido
el día de San Cayetano.

———

Su padre, que es alguacil,
sacristán, enterrador,
campanero, cazador
y guarda del "concejil",
con la escopeta al cuadril
a diario va a cazar
por la dehesa del lugar,
y acostúmbrale a traer
conejos para comer,
perdices para cenar.

———

Su madre con ella goza
y así en cuidarla se esmera
que la joven campanera
se ha criado buena moza.
Ella la casa alboroza
con su carácter fiestero
y con su rostro hechicero...
En fin, que en todo el lugar
ribereño, es popular
la hija del campanero.

LA VACA Y LA BURRA

La vaca negra,
la burra blanca
un mismo yugo
las dos aguantan,
un mismo arado
por la senara,
un mismo trillo
sobre la parva.
Baja la burra,
alta la vaca,
la burra corta,
la vaca larga,
una orejuda,
otra con astas,
hoy la "Morita"
y la "Nevada"
forman la yunta
quizá más rara
que hay en las tierras
de Salamanca.
Como sus fuerzas
jamás igualan,
cuando el arado
pesado arrastran
subiendo cuestas
un poco agrias,
la vaca tira
la burra pára,
el buen gañán
alza la estaca
y al mismo tiempo
los tres descansan...

Cuando el labriego
entra en la cuadra,
con el escriño
de la cebada
o la postura
de harina y paja,
rosna la burra,
muge la vaca,
las dos alegres
como unas pascuas...

Ambas son útiles
para la casa,
lo mismo uncidas
que separadas.

La vaca, leche
da en abundancia
y da terneros
de fina estampa;
la burra sabe
llevar la carga
del que la muele
con una estaca...

Las dos son viejas,
las dos son flacas,
porque de pienso
jamás se hartan,
y en esto sólo
las dos igualan.

Cuando las veo
por las aradas
al mismo yugo
sujetas ambas,
tanto la burra
como la vaca,
por sus achaques
me infunden lástima.

Al buen labriego,
que es de cachaza,
voy a decirle,
en confianza,

que en el mercado
venda la vaca
o la pollina,
si más le agrada,
y haga una yunta,
como Dios manda,
de dos borricas
o de dos vacas.
    Porque yo veo
de mala gana
al mismo yugo
sujetas ambas
haciendo surcos
por las aradas
o dando vueltas
sobre la parva
a la "Morita"
y a la "Nevada",
que son la yunta
quizá más rara
que hay en el campo
de Salamanca.

EL CARRASCO DE SAJERAS

Esta tarde he visitado
el carrasco de Sajeras,
cuyo tronco nueve metros
mide de circunferencia

Esta colosal encina
está encima de una sierra,
desde donde se descubren
en contorno varias leguas.

Sobre su rosbusto tronco
cuatro ramas corpulentas
en la región de las nubes
despiegan su copa inmensa.

A la sombra de este arbol
los vecinos de una aldea
cómodamente podrían
establecer sus viviendas.

Una piara de cerdos
podría en la montanera
cebarse con la bellota
de esta reina de la selva.

Con la leña de un desmoche
que en la copa se le hiciera,
habría para cargar
lo menos veinte carretas.

Y, si de nuevo, el diluvio
volviera a anegar la tierra,
para construir el arca
daría el tronco madera.

Todas las demás encinas
que se crían en la dehesa,
al lado de este gigante,
parecen niños de teta.

Ni el hacha del montaraz,
ni el rayo de las tormentas,
al carrasco, en tanto tiempo,
han herido en la cabeza.

¿Cuántos siglos contará
esta venerable abuela
que, a pesar de su vejez,
la frondosidad conserva?...

Bien puede ser esta encina,
de la que, alzando la diestra,
un puñado de bellotas
Alonso el Bueno cogiera;

y a los rústicos cabreros,
moradores de la selva,
la dichosa Edad de Oro
pintó con tanta elocuencia...

Quizá Cristóbal Colón,
cuando descubrió la América,
su sabroso y dulce fruto
llevó ya en las carabelas...

Tal vez, durante los siglos
de la invasión sarracena,
aquí moros y cristianos
dirimieron sus contiendas...

Probablemente los bárbaros,
cuando asolaron la tierra,
en lo alto de esta encina
tremolaron sus banderas...

Por ventura, Viriato,
que fué pastor en las sierras,
bajo su verde ramaje
apacentó sus ovejas...

No es absurdo suponer
que el glorioso Julio César,
en su excursión por España
bajo ella armara su tienda.

Quién sabe si los iberos,
en la antigua edad de piedra,
con hachas de pedernal
tallaron ya su corteza...

Gloriosa histórica encina,
cuando tú mueras de vieja,
quizá, del juicio final
se oigan ya las trompetas...

Yo regreso emocionado,
bajo la impresión tremenda
que me ha causado esta tarde
el carrasco de Sajeras...

LAS NIEBLAS DEL VALLE

La densa niebla ha caído
sobre el lugar ribereño
y con sus turbias cendales
cubre los tapiados huertos,
las dilatadas praderas,
los montes y los barbechos.
Desde el teso de la Iglesia
apenas los bultos veo
de las casas más cercanas
del desparramado pueblo.
Subo andando entre carrascos
en dirección a los tesos
de los empinados montes
donde brilla el sol espléndido;
y escucho, cerca de mí,
el rumor de los cencerros
de las yuntas de labor
que están arando el terreno,
pero no consigo ver
a las yuntas ni al labriego.
En medio de la neblina
los carrascos a lo lejos
aparecen cual fantasmas
que me acechan en silencio;
pero me voy acercando
y las encinas encuentro
que me son tan familiares
desde hace tanto tiempo.
Llega a mí, rumor de esquilas
de algún rebaño disperso
y sobre las altas cimas,
poco a poco, descubriendo

voy, a medida que avanzo,
una aureola de fuego.

Subo, por fin, a las cumbres
de los montes, y a lo lejos
veo erguirse el campanario
de la aldea, surjen luego,
poco a poco, las techumbres
de las casitas del pueblo,
desembózanse los montes,
los vallados y los huertos,
las aguas de la ribera
relucen como un espejo,
blanquean en las alturas
las casas de los monteros,
y en remota lontananza
se ven cuatro o cinco pueblos
con sus penachos de humo
dispersados por el viento.

Entonces el panorama
es magnífico y soberbio,
y poco a poco se quitan
las pesadumbres del pecho,
como se quita la niebla
que se va desvaneciendo...

Y bendice uno el paisaje
lleno de paz y silencio,
y de arrullos de paloma,
y de perfumes de espliego,
y de sublimes bellezas,
y de profundos misterios...

Y en este claro paisaje
desea seguir viviendo
para seguir alabando
al Autor del universo...

Y, por fin, anhela uno
entre estos montes espesos,
a la sombra de estos árboles
y en este abrigado suelo,
bajo una cruz de madera,
dejar un día sus huesos...

DIAS DE OTOÑO

Van siendo cortos los días,
las noches van siendo largas;
emigraron las cigüeñas
que en las torres anidaban
y emigró la golondrina
que se hospedaba en mi casa.
Yo siento frío en el cuerpo,
tristeza siento en el alma,
porque me pesan los años,
porque me apuntan las canas.

—

Pasó el ardiente verano
y el otoño lento avanza,
anunciando ya el invierno
con las primeras escarchas.
Pausadas doblan a muerto
en las torres las campanas,
recordándonos a todos
que la tierra nos aguarda.
Venga la muerte piadosa,
que esta vida es muy cansada.
En el mundo se padece;
en la tumba se descansa.
Por cada risa en el mundo
vertemos un mar de lágrimas.
Van cayendo en la almeda
las hojas secas y pálidas,
de los árboles frondosos
donde el ruiseñor cantaba.
Lo mismo caen en nosotros
las ilusiones del alma,

sin que nos quede siquiera
la más débil esperanza
de otras nuevas ilusiones
para el día de mañana,
pues la humana primavera
ya no vuelve cuando pasa.

Estas mieses que **ya hicieron**
brotar las primeras **aguas,**
se secarán en estío
y la hoz ha de cortarlas.
También nuestra vida es **frágil,**
como las frágiles plantas.
Pasa la alegre niñez
y la juventud lozana,
la virilidad madura
y la vejez ya cansada.
¡Y caeremos bajo el filo
de la inexorable parca!...

LOS MONTARACES

Por vallados y colinas
del una al otro horizonte,
Castilla es un vasto monte
de seculares encinas.

Y en estos montes feraces
donde engordan los cebones,
robustos y frescachones
habitan los montaraces.

Por las lucidas cárnazas
que encima suelen tener,
también son dignas de ver
las frondosas montarazas.

Cuando en alguna función,
sobre algún caballo tordo,
aparece un hombre gordo
con gorrilla y con calzón;

cuando sobre una pollina
se presenta en un mercado,
con saya y pañuelo atado,
una gruesa campesina,

Enseguida, por la traza,
discurre el menos sagaz
que es el hombre montaraz
y la mujer montaraza...

Hoy no hay mejor canonjía
que poder guardar la dehesa
de una señora condesa
en una montaracía.

En estos pingües destinos,
como en Castilla se usa,
los montaraces, de excusa.
tienen cabras y cochinos.

Y encima de un altozano
habitan un caserón,
ejerciendo en la región
un dominio soberano.

¡Qué vida más campechana
y más llena de alegrías,
la de las montaracías
de la tierra castellana!

Como son gente rumbosa,
al que los va a visitar
un cuerno le suelen dar
de leche pura y sabrosa.

Y no faltan ocasiones,
yo con gusto lo confieso,
en que principian un queso
o parten unos morcones.

Van, como buenos cristianos.
en las fiestas principales,
a las misas parroquiales
de los pueblos más cercanos

Como no les duelen prendas
y no carecen de mosca,
a comprar la mejor rosca
acuden a las ofrendas.

En las visitas reales
organizan escuadrones
de montaraces rumbones,
con los trajes regionales.

Pues toda montaracía,
en Castilla, la riqueza
custodia de la nobleza
que sirve a la monarquía.

Cuando la edad avanzada
les impide ya guardar,
van a su pueblo a gozar
de vida más sosegada.

Y en el viejo caserán
dejan colocado un hijo,
que sigue siendo, de fijo.
el gallo de la región...

* * *

Hoy no hay mejor canonjía
que poder guardar la dehesa
de una señora condesa
en una montaracía...

LOS DOS BOYEROS

No muy lejos del camino,
a la sombra de una encina
y a la orilla de un regato,
al rayar el mediodía,
se juntaron dos boyeros
de dos aldeas vecinas
que en los áridos rastrojos
guardan sus ganaderías.
  Son viejos charros los dos,
jateados a la antigua,
y llevan un cachiporro
y a la espalda una mochila
con un mendrugo de pan
y un pedazo de morcilla.
  Los ganados se rodean
bajo las verdes encinas
y sacuden con la cola
los tábanos que les pican,
mugiendo de vez encuando
y rumiando la comida...
  ¿Qué harán los viejos boyeros
a la sombra de la encina?
Van royendo el duro pan
con trabajo y con fatiga,
porque ya casi no tienen
ningún diente en las encías,
y del cristalino arroyo
beben agua clara y limpia...
  Con el dorso de la mano
después la boca se limpian,
eructan ruidosamente

el vapor de la morcilla,
y con mixtos de cartón
encienden luego la pipa,
chupando con tanto gusto
que de sus penas se olvidan...

Luego a la larga se tienden
en el césped, de costillas,
contemplando las bellotas
que cuelgan de las encinas,
y van hilvanando párrafos
llenos de filosofía,
en el estilo castizo
de la lengua de Castilla.

   —No servimos ya pa na...
   —Estamos como una criba...
   —El día menos pensao
nos echan la tierra encima.
   —Eso es lo que nos desea
a los viejos la familia;
pero hay que darle la coba
defendiendo la pellica...
   —Si le dieran a escoger,
bien sabemos que quedría
que el agüelo se muriera
primero que la borrica...
   —Pues que Dios nos dé salúd
y nos alargue la vida,
que pa dir al pudriero
no debemos tener prisa...

      * * *

Y ensartando más sentencias
y tirando de la pipa,
tumbados los dos boyeros
en el suelo, de costillas,
van quedándose dormidos
a la sombra de la encina...

EL RUISEÑOR

A orillas de la ribera
sentado en una verdera
junto a un huerto encantador
voy a oir en primavera
el canto del ruiseñor.
    En cuanto a cantar empieza
alza altivo la cabeza,
las alas trémulas mece
y todo el cuerpo estremece
escondido en la maleza.
    Tiene las modulaciones
que hay en todas las canciones
armónicas del sonido,
todas las combinaciones
agradables al oído.
    En sus cantos musicales,
todos ellos ideales,
lo que más es de admirar
que es difícil encoitrar
dos perfectamente iguales.
    Su cántico se deslíe
en larga escala sonora;
ya se humilla, ya se engríe,
ya parece que sonríe
o ya parece que llora.
    Ya es un fino piñoneo,
ya un sonoro martilleo,
ya torrente impetuoso,
ya susurro misterioso,
ya dulce cascabeleo.
    Ya es la flauta melodiosa,

ya el agudo cornetín,
ora el arpa suntuosa,
ya guitarra candenciosa,
ya melifluo violín.

Ya imita el canto sencillo
de los pájaros cantores,
ya el monótono del grillo
entre el rústico tomillo
o la abeja entre las flores.

Ni la alondra allá en la altura,
ni el jilguero en el laurel,
ni el mirlo entre la espesura,
a pesar de su voz pura,
pueden competir con él.

No conozco un instrumento,
ni otro pájaro en el viento
que le iguale en armonía,
ni que tenga tanto aliento
para cantar noche y día.

Aunque no suele tener
en su canto interrupción,
a punto de amanecer
igual que al atardecer
es más grata su canción.

Mientras la hembra en el nido
está encubando la cría,
en las matas escondido,
él la regala el oído
con su dulce melodía.

* * *

Canta, canta ruiseñor,
inimitable cantor,
que pasas la primavera,
con tu acento en la ribera
alabando al Creador...

EL MIRLO DEL ENCINAR

Todas las tardes voy
a oir cantar un mirlo
que oculto en una encina
lanza agudos silbidos.

El cielo está diáfano,
el tiempo está tranquilo
y encima de las lomas
verdeguean los trigos.

A descansar un rato
me siento entre tomillos
que impregnan el ambiente
con su aroma exquisito.

Las relucientes hachas
de algunos cortacinos
despiden en el aire
sus metálicos brillos.

Y van cayendo al suelo
bajo su agudo filo
las ramas destinadas
para carbón y cisco.

Quedan de las encinas
los troncos retorcidos
despojados cruelmente
de su verdor antiguo.

Dentro de pocos años
con mayor fuerza y brío
habrán ya recobrado
su esplendor primitivo...

Un rebaño de cabras
por un teso vecino
desfila lentamente
en busca del aprisco.

En una tierra llana
ara un gañán fornido
para sembrar garbanzos,
según él mismo ha dicho.

A juzgar por el humo
que desde aquí distingo
en las aldeas próximas
ya el fuego han encendido.

Va declinando el sol,
orgulloso y magnífico,
y con el aire cierzo
se empieza a sentir frío.

En la encina de enfrente
sigue cantando el mirlo,
sin duda porque estoy
escuchando sus trinos.

Que cante lo que quiera;
yo me voy de estos sitios
antes que sea de noche
y tenga un compromiso.

Dicen que en estos montes
andan dos foragidos
dando sustos tremendos
a los hombres pacíficos.

Me voy antes que salgan
de una mata de espinos
y un reconocimiento
hagan en mis bolsillos...

Hace ya diez minutos
que vengo de camino
y aún en la vieja encina
sigue cantando el mirlo...

* * *

A la tarde siguiente
casi en el mismo sitio
a dos o tres gañanes
encontré en el camino.

Al tocar la oración
en el lugar contiguo,
devotos, se descubren
para rezar conmigo...

—¿Qué me cuentan ustedes
de los fieros bandidos?
—Que anoche el sacristán
dice que los ha visto.

—¿Le quitaron la caza?
—No corrió ese peligro,
porque el sacris ayer
no trajo más que un mirlo...

EL MENDIGO

Murió el pobre Pablo
tendido en el suelo,
de otro pobre en la mísera estancia,
cobijado de astroso berrendo.
Este vagabundo,
candoroso y bueno,
medio abandonado por las gañanías,
desvalido y huérfano,
por un duro mendrugo de pan
guardaba unos puercos
Lleno de lacería, de hambre y andra-
[jos
y sufriendo el rigor de los tiempos,
ni una amarga queja salió de su boca
ni el odio mezquino fermentó en su pe_
[cho.
Más feliz en la tierra que muchos
con honras, riquezas o sutil ingenio:
resignado con su adversa suerte.
vivía contento...
Horas antes del período agónico
rezó el "Padre Nuestro",
y decía con voz candorosa:
¿Qué cura más güeno,
que ha venío y me ha echao bendicio_
[nes,
me ha echao unos rezos...
Al caer la tarde
hubo cuatro hombres, piadosos y bue-
[nos,
que a los hombros, tendido en las an-
[das,

50

llevaron su cuerpo;
y unas compasivas
mujeres del pueblo
que lloraron, movidas de lástima,
al pasar su entierro...
Yo he envidiado la muerte tranquila
de este pordiosero
qué, después de vivir en el mundo
sin sentir la ambición en su pecho,
murió resignado
y murió contento.
¡Hoy su cuerpo descansan en ia tie-
[rra:
su alma, en el cielo...!

BODA CHARRA

En aquella iglesia
situada encima de la loma parda,
con mantilla antigua y mantón de ra-
      se casó la charra...   [mo,
Fué por labradores
la misa cantada
y, al alzar la Hostia,
tañeron, solemnes, tamboril y gaita...
Después de comer
cantaron los charros la vieja tonada
      de la rosa bella
      que el galán llevara...
La "manzana" luego
      se bailó en la plaza.
ofreciendo todos a la maja novia
      monedas de plata...
Bailaron la "pica"
los dos bailarines de más nombre y fa-
                  [ma,
con repiqueteo de las castañuelas
      para hacer más gracia...
Al oscurecer,
a las oraciones toca la campana,
      cuyas notas tristes
vibran por los montes y por las caña-
      cual voz misteriosa   [das
      que conmueve el alma
      terminando el baile
      de la boda charra...
Extiende la sombra su enlutado manto
sobre las casitas de la loma parda

y a la media noche, en nutrido coro,
    óyese a distancia
    alegrar las calles
otra vez la vieja y popular tonada
    de la rosa bella
    que el galán llevara...
    Y con este canto
acabó el festejo de la boda charra...

EL HUERTO CLASICO...

¡Qué dulce la vida
se pasa en mi huerto,
de San Juan de la Cruz, de León, de Ga-
[lán,
leyendo los versos...!
Bajo los verdes parrales
en el césped un rato me siento,
viendo la selva de añosas encinas
acullá a lo lejos;
viendo los largos caminos
por donde van los sencillos labrie-
[gos
detrás de la yunta
a arar el barbecho;
viendo deslizarse la mansa corriente
del claro riachuelo,
en cuyas frescas y verdes orillas
pace la grey con sosiego;
viendo la alegre fontana,
viendo el cementerio...
¡Qué dulce la vida
se pasa en mi huerto...!
En la copa del verde granado
anida el jilguero;
floreció ya el guindo,
floreció el cerezo,
la vid se corona
de pámpanos nuevos
y la madreselva su rico perfume
a oleadas está despidiendo...
Aquí la paloma deja oir su arro-
[llo

la golondrina sus dulces gorjeos...
　　Esta es la "senda escondida"
por donde fray Luis ambulaba con-
　　　　　　　　　[tento,
y la "soledad" en que Lope de Vega
se solazaba con sus pensamientos...
　　Este es el huerto cerrado,
　　éste es el "bíblico" huerto,
　　bajo cuya higuera
gusta sentarse con calma y sosiego,
de San Juan de la Cruz, de León, de Ga-
　　　　　　　　　[lán,
　　leyendo los versos...

EL HERRADERO...

Hace días presencié
en el corral de un labriego
de la aldea en que resido,
un popular herradero.
Encima de las paredes
se colocó medio pueblo,
asistiendo al espectáculo,
invitados al efecto,
el cura y el sacristán,
la maestra y el maestro.
¡Qué lucidos este año
están los churros del pueblo.
Bien se conoce que hay yerba
y que guárdalos "Ugenio",
el hijo de la "Luchana",
que años atrás fué porquero
y es un hábil castrador
de los gatos y los perros...
Se herraron más de cien churros,
todos erales y utreros,
con frecuentes revolcones
de los hombres por el suelo;
y gritaban las casadas:
—Que los cojan los solteros,
que aun no tienen familia
y pagan con el pellejo...
Hubo quince o veinte churros
finos como el terciopelo,
pero el que más se lució
fué un toro rojo cuatreño
de uno que llaman el "Rojo"

los vecinos en el pueblo,
porque de dicho color
tienen en su casa el pelo
él con toda su ralea
y hasta la jaca y el perro...
　　Le tiraron cinco avances,
cinco veces lo cogieron,
dando el "Rojo" cinco duros
si lo tenían sujeto,
pero en menos todavía
de lo que se reza un credo
todos salían danzando
como si fueran muñecos.
A algunos les hizo dar
la pineta del carnero,
a otros los llevó arastrando
y les remendó el chaleco,
al "Rojo", le hizo barrer
con los bigotes el suelo;
a casi todos les hizo
tomar las de villadiego
y él se marchó tan indemne
a pastar por el barbecho,
burlándose de los puños
de los rústicos labriegos...
　　El alguacil escanció,
a cargo del presupuesto,
sendos cántaros de vino
entre la gente del pueblo,
y nadie quedó quejoso,
nadie quedó descontento.
　　Al terminar la faena
hubo asado de cordero
para la plana mayor
y para el churrero "Ugenio"
que, pescándose una "mona"
de las de primo cartelo,
se marchó a dormirla al chozo
y aun la estará durmiendo...

EL CANTO DEL LABRADOR...

Para el Maestro **Ledesma.**

Por las tierras de labor
tras de su yunta afamada,
la "Salina" y la "Calzada",
ara y canta al labrador.

Tanto si ara el linar
como si ara la viña
oye la hermosa campiña
el eco de su cantar.

Su voz diáfana y pura
se extiende en el horizonte
ya del intrincado monte,
ya de la abierta llanura.

Y va siempre acompañado
su sonoro garganteo
del alegre cencerreo
del pacífico ganado.

A la belleza del día
y del rústico lugar
parece que su cantar
añade nueva alegría.

Cuando suena su canción
calla el pájaro en el viento:
¡es que escucha el dulce acento
del rey de la creación...!

Pintan sus bellos cantares
através de las besanas
las costumbres aldeanas
de los rústicos lugares.

Los idílicos amores
de las mozas labradoras
sanas y trabajadoras,
con los rudos labradores.

La paz de las gañanías
en las tierras cultivadas
y en las dehesas acotadas
la de las montaracías.
Unas veces son pasión,
otras veces son ternura,
otras veces amargura,
otras patria o religión.
El compás de las tonadas
que canta de vez en cuando
lentamente van marcando
de sus vacas las pisadas.
Y cada vez que termina
el surco largo y hendido
dice, tras breve silvido:
Vuelve, "Calzada", "Salina"...
El labrador de mi cuento
mientras las tierras araba
como un triguero, cantaba,
siempre henchido de contento.
Y llenaban sus canciones,
de la ermita en la ladera
o a orillas de la ribera,
de gozo los corazones.
¿Qué le pasa al labrador
que ya no ha vuelto a cantar?
Debe tener un pesar,
debe sentir un dolor.
Menester es que le aflija
en el alma una honda pena
desde que su voz no suena.
¡Es que se murió su hija!
Cuando sale del lugar
tras de su yunta afamada
la "Salina" y la "Calzada",
ya no le gusta cantar.
Y, si pasa por la puerta
del pequeño camposanto,
derrama copioso llanto
y reza a Dios por la muerta...

ALDEA PERFUMADA

Por un día
ha cesado bruscamente la rural mono-
[tonía
de la aldea solitaria,
de las gentes campesinas,
que vegeta entre la selva centenaria
de alcornoques, de rebollos y de enci-
[nas...

Hoy voltean las campanas
largo rato... las fornidas aldeanas
que ayer mismo trajinaban en las eras,
dando vueltas en los trillos
a la zaga de una yunta de novillos
o empuñando unas enormes tornaderas,
hoy, lujosamente ataviadas,
con sus batas primorosas y escotadas,
van a misa del Patrón,
a lucir las percalinas en la charra pro-
[cesión...

Hoy gallea
en el coro, el Tita Rufo de la aldea;
es decir, ¿por qué lo callo?,
suelta alguno que otro gallo
con cada cola o apéndice final,
más larga que la de un pavo real...

Estos charros,
que delante de los carros
ayer mismo iban llamando con la ahi-
[jada

a la yunta perezosa y fatigada,
hoy con botas y tallado pantalón
y chaqueta de elegante cinturón,
van entrando en el casino
pueblerino,
y con todo su tupé
de ilustrados señorones,
unos cuantos se han comido los terro-
⌠nes
y han tomado un vaso amargo de café .

FIESTA CONCEJIL...

I

'En la aldea al bendito San Antón
el respetable y digno Ayuntamiento
honrar suele con música de viento
y con misa cantada y procesión.

El santo, que a los pies lleva un lechón,
en las andas pasea muy contento,
pues éstas, despidiendo dulce acento
llevan en cada palo un esquilón.

Los cuatro más fornidos concejales
conducen en sus hombros varoniles
al patrón de los masos animales.

Y muy tiesos alcaldes y alguaciles
avanzan en dos línas desiguales
al compás de los roncos tamboriles...

II

Después de honrar a su patrón austero,
que pasó en el desierto hambre no escasa,
reúnense a comer en una casa
los devotos de santo tan severo.

Todo el día sentados al brasero,
del tinto del país beben sin tasa
poniéndose más rojos que una brasa
y devoran un pavo y un carnero.

De noche, ya beodos, palmotean,
y acompañando alegres garrotines
con infernal estrépito vocean.

Por último se tiran de las crines
con salvaje placer, y se cocean
mútuamente lo mismo que rocines...

EL PIOJO

*A la memoria de Don Luis
Maldonado.*

El piojo es un animal
de la Historia Naural
que arraiga, si no hay limpieza.
en el cuerpo y la cabeza
de todo sér racional.
　Es un parásito rojo
más pequeño que un gorgojo,
que se mueve torpemente
sobre el cutis del paciente.
Pero ¿quién no ha visto un piojo?...
　Bajo el raído sombrero
del aldeano grosero
en toda su lozanía
a la clara luz del día
aparece un *c^oracero*.
　La mujer poco aseada,
siempre que siente en la piel
una horrible dentellada,
mete la mano asustada
y tropieza un *coronel*.
　Hay camisa que torcida
y de una pared tendida,
cuando el aire no se siente,
de este *ejército* invadida,
se mueve espontaneamente.
　A veces se ve una cana
en el cabello abundante
de una cabeza lozana.
¡Es la *liendre* denigrante
que será piojo mañana!

¡Sobre cuántos esternones
de hombres y de mujeres,
bajo cuántos camisones
han vivido de estos séres
robustas generaciones...!

Dicen que el piojo es un **sér**
metódico en el vivir,
tanto que suele tener
sus horas para comer,
sus horas para dormir.

Anida en los costurones
de camisas y jubones
y el que tiene poca ropa
suele criar una tropa
que se cuenta por millones.

En los pueblos ignorantes,
donde hay poca policía
y pocos desinfestantes,
abunda mucho esta cría
en sus toscos habitantes.

De estos bichos inhumanos
cargados suele nestar
los miserables *hurdanos*,
y que vienen a rascar
a los pueblos castellanos.

El trato con esta gente
desidiosa y negligente,
que tan poco se acepilla,
ofrece el inconveniente
de topar mala *semilla*.

El prudente don Quijote,
por su limpieza extremada,
preservóse de este azote;
pero Sancho, que era un **zote,**
crió una buena manada...

Dios nos libre de un dolor
y de un jaco malicioso
y de un amigo traidor
y de un vecino piojoso
que es muchísimo peor...

ENTRE MONTES

En aquel lugar humilde,
en aquel alegre pueblo
de los valles sonrientes
y los encinares viejos
y de la mansa ribera
que se desliza entre huertos,
arrullados por las aves,
sombreados por los fresnos...
En aquel pueblo, que está
ocupando el punto céntrico
de un gran círculo de montes,
en las laderas dipersos,
y por Dios está dotado
de paisajes tan amenos,
de clima siempre benigno,
de siempre radiante cielo...
En el lugar, que cobija
desde la altura de un cerro,
a la sombra protectora
de la cruz, el viejo templo,
cuyas parleras campanas
tocan a gloria o a duelo,
gozando con el que goza
y con el triste gimiendo...
En este lugar recóndito
tengo yo dulces recuerdos....
Estos bellos horizontes,
estos montes tan espesos,
estas alegres campiñas,
estos azulados cielos,
estos humildes regatos.

que descienden de los cerros,
este aroma del tomillo,
este susurro del viento
en la copa de la enciña
o en las mieses del barbecho,
este arrullo de la tórtola,
tan enamorado y tierno
en la espesura del monte,
donde cuida sus polluelos,
este mugir del chotillo
y este balar del cordero...

Esta gente campesina
de semblantes tan morenos,
abrasados por el sol
y azotados por el cierzo,
estos giros del lenguaje,
estas tonadas del pueblo,
estas diarias faenas
de la vida del labriego,
estos profundos cariños,
estos leales afectos,
estas cristianas creencias
y estos rudos sentimientos,
contituyen para mí
un tesoro de recuerdos...

LOBO SALMANTINO

El último montaraz
que he conocido con cinto,
calzón y airosa gorrilla,
es Miguelón el del Risco.
Este es un áspero monte
de los campos salmantinos,
en escabrosa ladera
abrigado y escondido.
Miguel pesa diez arrobas
y ella pasa de cien kilos,
que sólo de leche gastan
al día veinte cuartillos.
Ellos son los más flamantes
entre los gruesos quejidos
del monte, y entre los chotos,
ellos son los más lucidos.
El percherón y la burra
que tienen a su servicio,
antes del año ya llevan
los espinazos torcidos.
Miguelón es tan velludo
que todo el que no lo ha visto,
si lo tropieza en el monte,
lo toma por un erizo.
Cuando la enorme cayada
colgada lleva del cinto,
los lobos escapan de él
y espántanse los novillos.
Las leñadoras furtivas
y belloteros malignos
temen más que a una tormenta
a Miguelón el del Risco.

Pues, de miedo, hace a los hombres
zurrarse como chiquillos
y a las mujeres en cinta
las pone en grave peligro.

A pesar de su fiereza,
este "lobo salmantino",
tiene la fe de una roca,
tiene el corazón de un niño.
Pues se confiesa en cuaresma
y oye misa en los domingos,
y da limosna y posada
en su casa a los mendigos.

EL HIDALGO

Al más rico hidalgo
que hubo en el lugar,
la tarde que el cura
lo llevó a enterrar,
toda la parroquia
lo fué a acompañar
y ninguna vieja
dejó de llorar.
Mucho "Recorderis",
mucho sacristán,
en el campanario
mucho redoblar,
muchos forasteros
en el funeral
y para los pobres
mucha caridad.
En el cementerio
lo dejaron ya,
en rico ataúd
sepultado está,
y al cabo de un año,
o menos quizás,
el hidalgo un poco
de polvo será.
No ha pasado un mes
desde el funeral,
sus restos aún
calientes están,
y ya lo principian
a desenterrar
las lenguas mordaces
de la vecindad.

En la su agonía
mucho suspirar,
en su entierro mucha
gente a acompañar,
muchas alabanzas
en su funeral,
y hoy nadie se duele
de sus huesos ya.

Así pagó el mundo,
después de llorar
tan amargamente
en su funeral,
al más rico hidalgo
que hubo en el lugar.
¿De estos funerales
quién se librará?...

BODA DEL MONTARAZ

Ya celebró su himeneo
el mocito chulo y jándalo
que en su caballo pasea
la dehesa de los Navazos.
    Este joven montaraz
tiene tipo de gitano,
aficiones de torero
y conversación de charro.
    Con la misma bizarría
sabe montar un caballo
que sortea las moruchas
en las corridas de Carpio.
    En las fiestas de los pueblos,
en las ferias y mercados,
¿quién no ha visto al montaraz
siempre en su caballo blanco?
    Teniendo tan buen cartel
el montaraz, no es extraño
que encontrara tantas novias
en los montes comarcanos.
    Una moza de Encinar,
criada entre los carrascos,
y, como él, montaraza,
le acaba de dar su mano.
    Se celebraron las bodas
en la villa de Guinaldo,
donde fabrican la cal
y se venera a San Fausto.
    En las ricas alquerías
de Encinar y los Navazos
con suculentos banquetes
se obsequió a los convidados.

Estas fiestas lugareñas
celebradas en el campo
fueron un vivo recuerdo
de las bodas de Camacho.
Reciba la enhorabuena
el montaraz chulo y jándalo
que en su caballo pasea
la dehesa de los Navazos...

LA FLOR DE LA ALDEA

Como en la fría estación
se hiela la flor lozana,
la jovencita aldeana
murió con resignación.

Dentro de una caja blanca
la llevaron a enterrar,
en un humilde lugar
de tierras de Salamanca.

Era blanco su pañuelo
y blanca su vestidura,
y blanca también y pura
el alma voló hasta el cielo.

Las jóvenes la llevaban
en la caja mortuoria,
y parece que a la gloria
con su cuerpo caminaban.

En el ataúd tendida
quien tan graciosa la viera,
a poca costa creyera
que en él estaba dormida.

Por las calles aldeanas
iba en silencio la gente,
y sonaba tristemente
el doble de las campanas...

Al Camposanto llegamos
y al ver que joven tan pura
se tragó la sepultura,
por ella todos lloramos.

Debajo de unos terrones
y de unas cruces sagradas,
para siempre sepultadas
quedaron sus ilusiones...

VENGANZA CHARRA

Una charra salmantina
tenía un perro faldero,
muy bonito y muy simpático,
con un cascabel al cuello,
al que cogieron un día
unos cuatro zapateros
y le ataron a la cola
una lata de pimientos,
con cuyo ruidoso apéndice
el perro salió corriendo,
haciendo en el empedrado
tan fenomenal estrépito,
que lo llevaron en triunfo
los muchachos por el pueblo
y le mataron las pulgas
en el caño sumergiéndole...

* * *

Había pasado ya un mes,
y la charra sin aliento
presentóse en el taller
diciendo a los zapateros:
—Corréi, que en las pesebreras
se me ha entallao el jumento;
sacármelo por favor
plonto del atolladero...
Decididos a librar
al pollino del aprieto,
en el corral de la charra
entraron los zapateros,
que encontraron un novillo
provisto de enormes cuernos,

que, arremetiendo con furia,
a uno cojo, al otro dejo,
los volteó por el aire,
los arrastró por el suelo
y bravamente jugó
a la pelota con ellos...

BODA DE CANDIL

—Hace poco se casó
la hija de la Perica...
—¿La que vive en el Conchoso?...
—¿No; la de las Tenerías.
—¿Con qué mozo se casó?...
—Con el hijo de Vejiga.
—¿El de la calle Redonda?...
—Nada; el de la Resbalina.
—¿Qué dote llevó la novia?...
—Lo menos... una camisa,
un justillo de retazos,
una enagua sin puntilla,
unos zapatos de orillo
y unas medias desteñías...
Una cama de banquillos,
un jergón de paja fina
y, en lugar de cobertor,
la manta de la borrica...
Una mesa medio coja,
un banco roto, unas sillas
sin asiento y sin respaldo,
como en las zapaterías,
y una estampa sin cristal
de las Ánimas Benditas...
Dos escobas de baleo,
de cuatro a cinco escobillas,
una cántara sin asa
y sin mango una badila...
Un escriño de salvaos,
una cazuela de harina,
fanega y media de sal
y un manojo de morcillas...

—¿Y qué hijuela llevó el novio?...
—Una chaqueta añadía,
un chaleco sin botones
y un pantalón sin hebilla...
Un burro cojo, un destra,
mellao pa cantar hornija,
un hocino jerrujiento
y el pellejo de una criba...
—Buen ajuar llevó la novia...
—Y el novio buena ligítima...
—¿Qué sacaron de manzana?
—Medio duro en perras chicas...
—¿Y qué pica le bailaron?...
—Una bolla de dos libras
del centeno más candial.
—¿Y quién le bailó la pica?...
—El Cojo y la Jorobá,
los más pinchos de la villa...

DON CANUTO

Siento ver a don Canuto
hueco y triste por la aldea
luciendo raída sotana,
mosaico de veinte piezas,
su desteñido manteo,
que varios decenios cuenta;
en los días no festivos
sus alpargatas modestas
y sus botas remontadas
para los días de fiesta;
con su amarillo alzacuello
de desflecadas aletas,
con su mugriento bonete
o con su anticuada teja...
A las horas de comer
lamento ver en su mesa
su tazón de caldo claro,
su cocido sin ternera,
su endurecido mendrugo
y su vaso de agua fresca;
sospechando que sus tripas
con comida tan electa,
poco menos que vacías
a todas horas se encuentran.
Lo veo siempre reñido,
por pacífico que sea,
con dos establecimientos:
el estanco y la taberna;
guía de ferrocarriles
para él veo que huelga,
porque siempre don Canuto
en su casa veranea;

más periódicos no lee
que los que otros le prestan
ni casi tiene más libros
que el "Kempis" que le consuela.
Veo sus ojos hundidos
como en dos profundas cuevas,
sus pómulos prominentes,
transparentes sus orejas
y, en fin, todo su esqueleto
puedo contar pieza a pieza;
y, si quiere cantar vísperas
algún domingo en la iglesia,
estará su voz tan débil
que no llegará a completas.

EL HORNAZO

Cinco horas he tardado
en pacífico jumento,
a la tierra de la encina
desde la tierra del brezo,
y, al llegar a Encinaseca
en la entrada de aquel pueblo
me encuentro con dos vecinas
que salían a los huertos,
exclamando una: ¡Qué flaco!
y añadiendo otra: ¡Qué grueso!
Ne sé donde iré a yantar,
pues me invitan unos ciento,
y tanto tiran de mí
que me dislócan los huesos.

Comeré en cincuenta casas,
si me lo consiente el cuerpo;
cenaré en otras cincuenta
y así doy gusto a los ciento.

En las casas de los ricos,
¡qué empanadas me sirvieron,
empedraditas de lomo,
estrelladitas de huevos!
¡Qué guisotes de machorra
y qué tarugos de queso!

Porque no me echen en cara
los pobres que los desprecio,
casi me hincho de chochos,
aunque pocas ganas tengo,
y en casa de un carbonero.
yen casa de un carbonero.

En la cama del mesón
a media noche me acuesto,

mientras que rondan los mozos
y en la calle ladra un perro.
Escasamente a la hora
y media de estar durmiendo,
siento un dolor tan agudo
que empiezo a llamar al médico...
——Nenguna falta vos hace,
me dicen; meteí los dedos
por la boca hasta el gañote
y gomitáis al momento...

PUEBLO MADRUGADOR...

A punto de amanecer
me levanto una mañana
y, al descorrer el cerrojo
de la puerta de mi casa,
me asomo por el postigo
y veo a las aldeanas
que van saliendo a la calle
limpiándose las legañas,
con el cabello revuelto
y con las piernas descalzas...
Al ronco son de los cuernos
van juntándose en la plaza,
en un rincón los cochinos,
en otro rincón las vacas
y en otro rincón los asnos
con sus respectivos guardas,
que los llevan a los valles
a pacer la verde grama.
Entre gruñidos de cerdos,
roncos mugidos de vacas
y rebuznos de pollinos,
diariamente se arma
una deliciosa orquesta,
que es el toque de diana
a cuyo agradable son
todo el mundo se levanta.
Cuando las ganaderías
han salido de la plaza,
ésta queda totalmente
de pasteles alfombrada,
siendo como un pebetero
que todo el pueblo embalsama.

Empieza a tocar a misa
el monago en la espadaña
y a oirla devotamente
van unas cuantas ancianas;
caminito de la fuente
van las jóvenes zagalas
llevando con gentileza
a la cabeza la cántara;
herido por el martillo
el yunque vibra en la fragua,
donde aguzan los gañanes
las rejas en las mañanas;
almuerzan los labradores
su torrezno con patatas,
salen a labrar el campo
y la aldea queda en calma;
no oyéndose ya más ruído
que el de la animada charla
de parlanchinas comadres
en corrales y solanas...

EL HORMIGUERO

En plena recolección
por las calles de los pueblos
se ve pasar a diario
el simbólico hormiguero,
dispuesto a asaltar con furia
las paneras del labriego...
Con el burro y la cuartilla,
como catador de muelos,
va el liencero del partido,
que corta a diestro y siniestro;
siguen luego el que degüella
cuando rasura el pellejo;
el hereje que bautiza
el buen vino sin ser clérigo,
el que vende pan de trigo
amasado con centeno;
el que en la libra de carne
da media libra de hueso;
el lechero que bautiza
lo mismo que el tabernero;
el que en la media abollada
nos da el aceite a buen precio;
los que nos visten y calzan,
el sastre y el zapatero;
el que hierra a toda clase
de cuadrúpedos domésticos;
los guardas de los cerriles
animales del concejo;
el sabio procurador
que procura su provecho;
el consultor de gañanes
y abogado de paletos;

el fiel administrador
de las rentas del labriego;
el cobrador puntual
de los tributos e impuestos;
y por fin, el prestamista,
que es de todos el banquero.
    Hay, como sabe el lector,
además de los que cuento,
otras voraces hormigas
que en el tintero reservo,
por no hacer interminable
el simbólico hormiguero...

BALA PERDIDA

Al poeta "charro",
Alejo Hernández.

El popular organista,
que de la aldea escapó,
de tan inspirado artista
como temible sablista
en ella se acreditó.

De gran fama precedido
venía el guapo doncel
y, como artista instruído
dotado de buen oído,
creyeron todos en él.

Era cosa de admirar
con cuánta delectación
le solían escuchar
las mujeres, al cantar
en misa el kirieleisón.

La prueba más concluyente
de sus múltiples talentos
es que este artista eminente
tocaba indistintamente
toda clase de instrumentos.

Pulsaba el acordeón,
el órgano y la guitarra
con notable afinación,
para con más perfección
que ninguno la "cacharra".

Para este dulce instrumento
no encontraba nunca obstáculos,
pues, sin faltarle el aliento,
soplaba a cada momento
en todos los "tabernáculos"...

Cuando a fuerza de soplar,
del bolso se relajó,
tuvo el curda que ahuecar,
por no poderse curar
de la anemia que pescó.

Con la cabeza insegura
por los contínuos delirios
de la fuerte calentura,
sin despedirse del cura,
se fué con algunos cirios.

Por la misma causa infiero
que este músico fullero
de la aldea habrá salido
sin haberse despedido
tampoco del tabernero.

Quiera el cielo bondadoso,
conducir por buen camino
a este artista peligroso,
que aúñ sería más dichoso,
si no le "aguaran" el vino...

LAS FIESTAS DEL LUGAR

A mi amigo Justo
"el Pollo"

Hay tres típicas funciones
en el pequeño Concejo
del pueblo de Castillejo,
que merecen mis canciones.
    Es la Pascua la primera
y también la más carnal,
    por ser una bacanal
celebrada en plena era.
    Para hacer la digestión
de los pesados hornazos,
con cuatro tamborilazos
baila el pueblo un rigodón.
    San Pedro viene después
en la estación estival,
que, si no es la principal,
la más torera sí es.
    Pues en medio de la plaza
de la simpática aldea
se celebra una capea
de bravos chotos de raza.
    Y los mozos más pudientes
debajo de un cabañal,
degüellan en un corral
al mismo Diego Corrientes.
    Por último, la tercera
es la santa titular
de la iglesia del lugar
allá por la montanera.
    Cada rumbosa madrina
en tan solemne función

con un florido roscón
honra a Santa Catalina.
    Los mocitos pintureros
pagan caros los roscónes
y al tocar las oraciones
se marchan los forasteros.
    Estas son las tres funciones
más sonadas del Concejo
del célebre Castillejo,
el pueblo de los melones.

LAGARTEROS

De la Sierra placenteros
salen con machos y cueros
y los pueblos de Castilla;
buscando la pesetilla,
recorren los aceiteros.

Parecen toscos y rudos,
aunque suelen ser agudos
y no pecan de gandules;
gastan calcetas azules
y sombreros puntiagudos.

Como comen los lagartos
tan verdes y tan rastreros
y que no les cuesta cuartos,
de escabeche siempre hartos
se encuentran los lagarteros.

Abollando las cuartillas
a fuerza de coscorrones,
a las paisanas sencillas
con sabias ponderaciones
les soplan las pesetillas.

El hercúleo Potenciano
que tiene un mulo mogino
al que aprecia como hermano,
corre el país castellano
de Payo a Vitigudino.

Con la pata cojeando
y a menudo tropezando

el marrullero Ziquiel
va por los pueblos cantando,
—Aceiti de Villamiel...

Pardal, el célebre viejo,
que tiene mucha correa
y que arruga el entrecejo,
también aceiti vocea
de San Martín de Trevejo...

El Mulato con Froilán,
que forman buena pareja,
alegres cantando van.
—Aceiti de Moraleja
del bodegón de Alemán...

* * *

Al cabo de las jornadas
pernoctan en las posadas
con lenceros y chalanes,
sazonando las veladas
con trolas y con refranes.

Ellos se guisan la cena
que suele ser muy frugal,
echan pienso al anmal
y roncan luego sin pena
tendidos en un costal.

EL CUCO

En Aldea de los Torpes,
el Cuco, que era el más sabio,
en su persona reunía
varios lucrativos cargos.
Como entendía de letra
siempre fué alcalde pedáneo,
que en la plaza presidía
la sesión bajo de un álamo,
empinando la cacharra
entre uno y otro párrafo.
De noche nadie tosía,
pues salía con un palo
y al que topaba en la calle
lo molía a garrotazos.
Fué maestro de la escuela,
aunque vestía de charro,
que en el boil de su casa
desasnaba a los muchachos.
Tabernero del lugar,
como bueno y fiel cristiano
expendía en su taberna
el vino ya bautizado.
Tuvo también en su casa
la oficina del estanco,
vendiendo revientaquintos,
mixtos y papel sellado.
El domingo, en su portal,
para diversión del barrio
él tocaba la sartén
y daba algún sartenazo.
Fué esquilador del lugar
que pelaba a aquellos bárbaros...

En una pieza también
fué albeitar y boticario,
que solía las tercianas
cortar con chochos amargos.

Hacía los testamentos
como el mejor escribano,
consiguiendo siempre ser
heredero mejorado.

Y, por último, también,
fué abogado de secano,
que resolvía los pleitos
quedándose con los cuartos.

———

En Aldea de los Torpes,
el Cuco, que era el más sabio,
estaba medio desnudo
y se vistió en pocos años.

LA PANTERA

Para su honesto placer,
el lector debe saber
que en el mundo hay una fiera
que parece una pantera
pero que es... una mujer.
Casada con un cuitado,
lo tiene atemorizado,
como si fuera un chiquillo,
y al verlo tan apocado,
le pica con un cuchillo.
Ocurrió en cierta ocasión,
que la mujer desde el lecho
llamó al marido... ¡ladrón!...
y éste se lanzó derecho
a ella con un tizón.
Cuando al lecho se acercaba,
la fiera se estremecía
y al momento se callaba,
pero, en cuanto se apartaba,
al mismo insulto volvía.
Sulfurábase el maride
con una mujer tan loca
y volvía enfurecido
con el tizón encendido
a apagárselo... en la boca.
Viéndolo airado llegar,
la mujer, que era ladina,
volvía al punto a callar
y el hombre volvía a dejar
el tizón en la cocina.
En tan grata diversión
se les pasó la media noche,

con tenaz obstinación,
ella lanzando el reprose
y él levantando el tizón.

Y terminó el altercado
de la mujer y el cuitado
cuando en la inmunda guarida
quedó el tizón apagado,
quedó la fiera dormida...

Quizá tiene establecido
en su bondad el Eterno
que este rústico marido
gane el cielo prometido
pasando en vida el infierno.

Y ha debido disponer
que, para más merecer,
contrajera matrimonio,
haciendo en él de... demonio
la fiera de su mujer...

ENCINAS VENERABLES

Desde el día en que salí
de la montaraz aldea,
donde viví cinco años
arullado por la selva,
estoy echando de menos
las encinas corpulentas
de sus montes comunales
y de las vecinas dehesas.
que contra el agua y el aire
me servían de defensa,
me daban para el hogar
abundante y seca leña
y bellotas exquisitas
en tiempo de montanera.
¡Oh montes inolvidables
de la Dueña y de Sajeras!
¡Cuántas tardes destempladas,
cuando el cierzo más aprieta,
me internaba en la espesura
de vuestras encinas viejas
y, apoyado sobre un tronco
o recostado en la yerba,
veía pacer las reses
del señor de Rodasviejas:
o en el chozo de un cabrero
me calentaba a la hoguera,
o de ricos montaraces
penetraba en las viviendas,
donde siempre en la cocina
ardía un tronco de leña;
o asisitía a los ojeos
que organizaba la aldea

para batir a los lobos
que diezmaban las ovejas;
o acudía a un herradero
o, por fin, a alguna tienta...
Nunca olvidaré la tarde
en que vi por vez primera
el carrasco jigantesco
de los altos de Sajeras,
cuya copa se distingue
en un radio de seis leguas...
¡Oh generosas encinas,
pródigas encinas viejas,
que durante luengos siglos
produjeron fruto y leña
y fueron para el país
una fuente de riqueza!
Unas están desgajadas,
otras muchas están huecas,
sostenidas solamente
por sus débiles cortezas,
hasta que mueran un día
convirtiéndose en pavesas...
Las plantaron los antiguos,
los de hoy las aprovechan,
sin procurar reemplazar
a las viejas con las nuevas,
así es que dentro de poco
esta venerable selva,
por descuido de los hombres,
se convertirá en estepa...
Viejas encinas de Azaba,
cuánto siento vuestra ausencia,
pues ya pasó de mi vida
la lozana primavera
y está avanzando el Otoño
que hacia el invierno me acerca,
y no tengo vuestro abrigo,
y no tengo vuestra leña,
ni oigo vuestros rumores,
ni aspiro vuestras esencias
ni siento ya entre vosotras

mis ensueños de poeta,
pues una larga distancia
me separa de esa tierra;
de esa región salmantina,
cuyas dos notas más bellas
son el charro de sus pueblos
y la encina de sus dehesas...

TIERRA CHARRA

Al prosista salmantino, señor
Iscar-Peyra.

Aunque van quedando pocos
calzones en Salamanca,
la tierra salamanquina
será siempre tierra charra...
Los gañanes del terruño
visten con traje de pana
en los días de labor,
y en las fiestas, con corbata.
Las chavalas a diario
para sus faenas gastan
una bata de percal
y de goma unas abarcas,
pero en los días festivos
bata fina, media blanca,
levita para el invierno
y melena recortada...
El tamboril ya no toca
en el baile de la plaza,
más que en algún ofertorio
o una boda renombrada
donde se baila la *pica*
o se cobra la *manzana*...
El baile de los demás días
se celebra en una sala
con piano de manubrio
que parece una carraca...
El que quiera ver un charro
con calzón y media vaca
y la cónica gorrilla,

le recomiendo que vaya
por los pardos encinares
de la Ribera de Azaba,
donde aún queda un ejemplar
de la vieja Salamanca...
    Y el que quiera en el país
ver una clásica charra
con el corpiño y manteo
y las horquillas de plata,
la verá en los carnavales
que a Miróbriga realzan
o en los toros de las ferias
famosas de Salamanca.
    La muchacha de Encinares,
que ya pasa de muchacha,
y otras ricas ganaderas
se honran llamándose *charras*,
y por el típico traje
que regaló Salamanca,
es de charras la primera
la ilustre Reina de España...

· · ·

Por estas solemnidades
y por esta indumentaria,
que solo para un festejo
suelen sacarse del arca,
la tierra salamanquina
será siempre tierra charra...

MI PATRIA CHICA

Con el alma alborozada
a la estación de mi pueblo,
la villa de Sanfelices,
he llegado en el correo.
Es que vengo a ver las fiestas
tan famosas del "Noveno"...
En el lejano horizonte
una gran mole contemplo:
la torre del homenaje
del castillo de mi pueblo,
a la que subía yo
en mis juveniles tiempos
a ver, a vista de pájaro,
la tierra de mis abuelos...
Al atravesar el monte,
he encontrado en el rodeo
dos magníficas corridas
de finos toros cuatreños,
que engordan para estas fiestas
los más ricos ganaderos...
Pero ya va siendo hora
de que hagamos el encierro...
Adelantándome un poco
me apeo en el lavadero
y voy con el pueblo en masa
por la calle del Progreso,
delante de la corrida
hasta la plaza corriendo.
En misa nos han leído
la sentencia del Noveno,
y hemos visto a tres alcaldes
con sus tres Ayuntamientos:

un alcalde de levita,
que es sin duda, el de mi pueblo,
otro de calzanes pardos
y otro de calzones negros...
Ha cantado el sacristán
como en sus mejores tiempos,
y hemos visto unas devotas
señoritas con sombrero...
¡Qué animada está hoy la plaza!
¡Aquí está reunido el pueblo...
Sin embargo, todo cambia
y se muda con el tiempo...
¡Cómo se trasforma el traje!
¡Qué poquitos charros veo!
Las caras de mis paisanos
¡cómo han ido envejeciendo!
¡Al cabo de tantos años,
casi no nos conocemos!...
Ha acabado la corrida
y voy al Manso Cordero,
donde, puesto de rodillas,
a la puerta, rezo un credo
al Cristo de la Pasión,
y después un padrenuestro
por mis padres, que allí cerca
están en el cementerio...
Partidos en el frontón,
música en el lavadero,
comedias en el teatro
y en el casino refrescos...
¡Nada de esto me interesa
desde que subí al Cordero!...
Si no me ha pesado hoy
haber venido a mi pueblo,
es por ver esta Sagrada
Imagen del Nazareno,
el único que no cambia
de semblante con el tiempo...
¡Siempre lo veo lo mismo!
Siempre amoroso y risueño,
como el bondadoso padre

de que habla el Evangelio,
esperando al hijo pródigo
con los dos brazos abiertos!...
Me deshice de mi hacienda,
mis ascendientes murieron
y sólo en mi patria chica
me quedan ya dos afectos:
¡El del Cristo del Perdón
y el de mis padres ya muertos...

MESA DEL CONDE

De estudiante en mi lugar
me iba a la mesa del conde,
que es un alto precipicio
que por su grandeza impone.
    A un lado de la meseta
desde una altura disforme
a una gran profundidad
el salto del agua corre.
    Aquel rústico paraje
el ánimo sobrecoge
por sus profundos abismos
y por sus inmensas moles.
    Los jóvenes estudiantes
merendábamos a escote
encima del peñascal
unos ricos salchichones.
    Y para que las rodajas
no cerraran el gañote
vaciábamos del tinto
del pueblo una bota enorme.
    Bien templadas las gargantas,
formábamos orfeones
cantando trozos selectos
de las zarzuelas de entonces.
    Del "Tambor de granaderos"
el famoso pasodoble,
la jota de "La Gran Vía"
y el "Coro de los doctores".
    De las matas de zambullo
que se crían en el monte
cortábamos largos palos

que servían de bastones.
    Por las laderas del río
rodábamos gruesos bloques
de piedra, que en el país
de galgos llevan el nombre.
    A nuestra apartada villa
regresábamos de noche,
no dejando de cantar
desde la mesa del conde...

—

Tiempos de la juventud
qa ya se fueron veloces
llevando de nuestra vida
las doradas ilusiones...
    Los alegres estudiantes
hoy ya todos somos hombres,
con nostalgias en el alma
y en el cuerpo con dolores...

EL PRADO DE LOS FRESNOS

Al declinar las tardes estivales,
    de mi casa me ausento
para dar el paseo acustumbrado
    al prado de los fresnos.
Suelo ir por la calle de la iglesia,
    las eras atravieso,
subo despacio hasta la cruz de siglo
    y en sus gradas me siento.
Veo ocultarse el sol tras las montañas
    que rodean el pueblo,
admirando el magnífico paisaje
    que se va oscureciendo.
Del toque vibrador de la campana
    llegan allí los ecos,
me descubro, y las santas oraciones
    a la Virgen le rezo.
Me levanto, ya envuelto en la penum-
                [bra,
    continúo el paseo
y llego, atravesando unos cercados,
    al prado de los fresnos.
En medio del follaje corre el agua
    en un pilón pequeño,
donde apago la sed todas las tardes,
    con deleite bebiendo.
La tórtola y el mirlo y la oropéndola
    con melodioso acento
entonan melancólicas canciones,
    entre el ramaje espeso.
Sobre el mullido césped largo rato
    sentado permanezco,
haciéndome sabrosa compañía

mis dulces pensamientos.
Alejado del ruido de la aldea,
  discurro allí mis versos,
que de la realidad y de la vida
  son exacto reflejo.
Después de distraer un rato el ánimo
  y refrescar el cuerpo,
a la pálida luz de las estrellas
  a mi casa regreso...

APAÑANDO ACEITUNA

En el mes de diciembre
    voy por las tardes
a pasear un rato
    los olivares,
    pues ver me gusta
a la gente apañando
    las aceitunas.

Por las agrias laderas
    que baña el río
se extiende el verde monte
    de los olivos.
    Tiene un encanto
que no me canso nunca
    de contemplarlos.

Van las aceituneras
    durante el día
a ganar dos reales
    por la fatiga
    de ir recogiendo
el fruto que los hombres
    le van cayendo

Con penoso trabajo
    llenan las cestas
andando siempre a gatas
    sobre la tierra,
    y en los costales
las vacían, y vuelven
    a sus afanes.

Como en los olivares
se siente frío
y los pies y las manos
se quedan rígidos,
es necesario
encender las hogueras
y calentarlos.

Cuando llega la hora
del mediodía
se acomoda la gente
de la cuadrilla
junto a la hoguera
a comer el pedazo
de pan que llevan.

"Apañando aceituna
se hacen las bodas;
el que no va a aceituna
no se enamora.
Estos cantaros
alegran todo el dia
los olivares.

Las jóvenes sintiendo
dulces transportes
se cuentan las historias
de sus amores,
y los mancebos
deleitan a las jóvenes
con sus requiebros.

Al extinguirse el rayo
del sol poniente,
subiendo poco a poco
por la pendiente
van las cuadrillas
entonando romances
y seguidillas.

"De aceituna venimos,
venimos tarde;

la Virgen del Rosario
 nos acompañe",
 Estos acentos
canta por la aceituna
 Barba de Puerco.

Acostumbran la tarde
 que se termina
traer del monte un verde
 ramo de oliva
 y por las calles
del pueblo lo pasean
 entre cantares.

En la noche hacen baile
 y se celebra
el fin de la aceituna
 como una fiesta.
 Mozos y mozas
alegres se solazan
 hasta la aurora...

CAMPO DE SAN FRANCISCO

A la memoria de Galán.

Después de desayunarme
en la fonda de la Plaza,
me dirijo por las calles
de la vieja Salamanca
al Campo de San Francisco
a respirar a mis anchas...
Palacio de Monterrey
con su crestería alta
y en frente los Agustinos,
de magnífica fachada,
cuya iglesia es un museo
con sus lienzos y sus tablas,
resaltando de Ribera
la famosa Inmaculada...
Continúo mi paseo
y pronto la vista alcanza
una avenida de álamos
donde los pájaros cantan,
casi todos gorriones,
que con su gárrula charla
parecen las verduleras
cuando gritan en la plaza...
Jardines de San Francisco
con su fuente solitara
donde a buscar agua vienen
las vecinas con sus cántaras...
El jardinero a estas horas
así maneja la manga
que, aunque estoy entre el **follaje**
no me salpica la capa...

A diez pasos de la fuente
bajo la fronda se alzan,
como adorno del jardín,
tres magníficas estatuas...

Me descubro ante Galán,
el cantor de Salamanca,
con su pálido semblante
y su frente despejada
y su capote de monte
que el gentil cuerpo le tapa...

Y a los lados, dos figuras
on blanco mármol talladas;
una fornida matrona
que simboliza la raza
y una triste plañidera
de infortunios y desgracias...

Y aunque en la obra copiosa
del cantor de esta comarca
Fecundidad y Dolor
son el tema de sus páginas,
quisiéramos ver aquí
en lugar de estas estatuas
de Carrascal del Camino
a la honesta Montaraza
y a la madre del poeta
que admiramos en El Ama...

* * *

¡Oh Campo de San Francisco!
Me gustas en las mañanas
para aspirar, sin testigos,
tu belleza y tu nostalgia,
pues las horas de la tarde
quedan para las criadas
que vienen con los pequeños
a tu fuente solitaria,
o para los estudiosos
que, teniendo poca *pasta*,
leerán en estos jardines
bellas obras literarias...

DOS CIUDADES HERMANAS

I

Estación de Salamanca
en Otoño... Amaneciendo...

Entro con Paco en la fonda
a tomar un refrigerio...
Paga Paco, deferente
conmigo, y se lo agradezco...

Nos salimos al andén
y en esto llega el correo
de Madrid con mucha gente
que tiene cara de sueño...

Subo en segunda, porque
a los terceros los tiemblos,
más que por los apretones
por los consabidos *ternos*...

Me despido del buen Paco
y el convoy sale corriendo...
Me alejo de la ciudad
y destácanse en el cielo
las siluetas, aun confusas,
de sus grandes monumentos...

Las catedrales enormes
Santo Domingo, soberbio,
mole de la Clerecía
de magestuoso aspecto,
flecha de Juan de Sahagún
y la Torre del Clavero...
Adiós, museo de arte,
dorada ciudad de ensueño...

Adiós, monumental Plaza,
donde se va de paseo
en las noches apacibles
la flor y nata del pueblo...

Adiós, Universidad,
tan famosa en otro tiempo,
que aún conservas tu fachada
de puro renacimiento...
Adiós, templos suntuosos,
donde están durmiendo el sueño
del olvido, ilustres damas,
prelados y caballeros.

Adiós huerto de la Flecha,
de poéticos recuerdos,
donde los nombres de Cristo
meditó el sabio Maestro
fray León, que nos hechiza
lo mismo en prosa que en verso.

Adiós, viejas tenerías,
donde la gente ha supuesto
que a la madre Celestina
Rojas conoció en su tiempo,
haciendo de corredora
por mercados y colegios.

Adiós, aceñas del Tormes,
donde nos cuenta don Diego
Hurtado, que fué la cuna
de aquel Lázaro del ciego,
que llegó a verse muy honrado
en la ciudad de Toledo.
Adiós, ciudad del estudio,
donde había en otro tiempo,
según nos cuenta Cervantes,
diez mil mozos con manteo
que del loco Vidriera
admiraban los consejos.

Y adiós, amable Ciudad,
al que coma en un hotel
que hoy le sacas el dinero
de cinco platos lo menos...

II

¿Cómo se llama esa vieja
ciudad que surge a lo lejos
con su cinturón de piedra
y su alcázar y sus templos?
Pero llego a la estación,
donde veo este letrero
que dice: Ciudad Rodrigo.
Ya caí. Este es mi pueblo.
Hoy te tenía olvidado,
porque recordando vengo
bellezas de Salamanca
que son de todos los tiempos.
Pero tú también mereces
la caricia de mis versos.

Tú eres Miróbriga eterna
de buen clima, hermoso cielo
y dilatada campiña,
donde resbala en silencio
el Agueda entre alamedas,
frescas huertas y viñedos.
Tú eres Miróbriga eterna,
la de magníficos templos,
la de poéticos claustros,
la de los palacios viejos,
la de muros de argamasa,
la de alcázares soberb.os.
Tú eres Miróbriga eterna
la de los gloriosos hechos,
la de las damas heroicas,
la de los hombres de hierro,
la de los nobles linajes,
la de los prelados buenos.
Tú eres Miróbriga eterna
de Cristóbal Castillejo,
de Feliciano de Silva
y de fray Diego Tadeo,
tres magníficos poetas
que el idioma enriquecieron.

Tú eres Miróbriga eterna
que, de inmemoriales tiempos,
llevas a San Sebastián
en triunfo por tus paseos
y animas los Carnavales
con tus clásicos encierros.
Serás Miróbriga eterna.
Y por eso te venero
siempre que llego a tus puertas
y por tus calles paseo,
viendo escrito en los sillares
de tus viejos monumentos
con estrofas dolorosas
el poema de tus hechos...

PUERTO DE PERALES

A mi sobrina Amelia,
alumna de la Normal.

En el coche del Correo,
de Ciudad Rodrigo a Gata,
por el puerto de Perales
me he lanzado esta mañana
para ver la diferencia
de paisaje, tan marcada,
entre tu tierra extremeña
y mi tierra castellana.
El Bodón. Cinco minutos.
Un vermú y estoy en marcha
Bajo el puente de Vacarros
veo tumbada una máquina
con un enorme cilindro
para apisonar la grava.
Mucho pulso y mucha vista.
Conductor, vete con calma,
antes que demos los dos
la vuelta de la campana.
De Robleda a Villasrubias,
donde no tomo ni agua,
pues, aunque tiene el ventero
unas truchas preparadas,
el coche sale enseguida
y me iré a comer a Gata.
Perosín, hermosa finca,
donde se espant..n las vacas
al pasar el automóvil.
Ya nos miran, ya se plantan,
y desde este burladero

van a echarle cuatro largas...
Por estas curvas del puerto,
peligrosas y empinadas,
vamos haciendo más eses
que el curda de Salamanca
que vi yo hace pocas noches
al atravesar la Plaza.
A la derecha, en un valle
veo, Amelia, tu morada.
ya que en Hoyos, entre olivos,
tu padre tiene la casa.
Allá está la Cervigona
donde iré si no te enfadas,
a comer una paella
cuando del colegio salgas
con varios sobresalientes
y... ninguna calabaza.
La Fatela, la Fatela...
Aquí ni los gallos cantan...
Son las dos. Extremadura.
Sólo canta la chicharra...
Entre verdes olivares
acercámonos a Gata...
Las mujeres cuchichean
a la sombra de las casas...
Encajeras... Bordadoras...
Pie descalzo... Falda clara...
He comido con el cura
que, quizá, no me esperaba...
Visitamos la parroquia
y a las tres salgo de Gata...

EXTREMADURA

Panorama

I

Al Norte de la ardiente Extremadura,
cual si fuera de un Dios el alto trono,
Jálama eleva su grandioso cono
de inmensa base y colosal altura.

Desde su vértice de abruptas peñas
se ven hasta distancias muy lejanas
con sus mieses, las hojas castellanas,
con sus frutos, las quintas extremeñas.

Abajo, los abismos insondables;
en la cima, las nieblas impalpables;
en la falda, las rocas y las brañas.

Y saltando por todas sus vertientes
rumorosos arroyos transparentes
que brotan de sus húmedas entrañas.

II

Rodando por la llana carretera,
en medio de una nube deslumbrante
de polvo el automóvil elegante
pasa veloz en su triunfal carrera.

El campo, que pintó la primavera
de un manto de verdura rozagante,
ante los ojos cruza a cada instante
como visión divina y hechicera.

Heridas por los vivos resplandores
del sol, despiden nítidos fulgores
las placas del lujoso carruaje.

Y sus encopetados viajeros,
sonrientes, alegres, placenteros,
contemplan la belleza del paisaje.

III

El crepúsculo tiende en el espacio
sus tenues, impalpables veladuras,
de la Naturaleza el gran palacio
empañando con sus tintas oscuras.
La luminosa faja del poniente
tiñe el sol con sus rayos purpurinos
y una alondra, flotando en el ambiente,
despide al día con sus dulces trinos.
De cultivar los campos comarcanos
vuelven los laboriosos aldeanos
a su hogar, con los cuerpos ya rendidos
Y la argentina voz de la campana,
para invitar a la oración cristiana,
desgrama por el valle sus tañidos.

IV

Estoy de paso en una pobre aldea
cacereña, contigua a un castillejo,
en la que no quisiera hacerme viejo,
pues campa en ella la peor ralea.
Los hombres hacen gala de borra-
[chos,
las mujeres son furias infernales
y saltando por ásperos canchales,
aullan como lobos los muchachos.
Por no haber peatón, casi no leo;
como el piso es tan malo, no paseo;
no bebo vino ni tampoco fumo.
Estoy en misa solo todo el año,
el pie de altar del templo es de castaño
y pago doce duros de consumo...

EL DESCUBRIMIENTO

Fundado en la opinión de algunos sa-
[bios
y en la esférica forma de la tierra,
de hallar las Indias por el occidente,
forma Colón la racional idea.

Y tras de siete años de consultas,
protegido de España, por la reina,
a través de las ondas del atlántico
lanza con fe sus raudas carabelas.

El tres de agosto, de la costa hispana
parte su flota por la mar inmensa,
donde otros temerarios navegantes
cara pagaron su atrevida empresa.

Llevan ya treinta días navegando
desde la Gran Canaria, y aun no encuen-
[tran
señal alguna que en el mar inmenso
próximas islas indicarles pueda.

Ante el temor de una espantosa muerte,
falta de fe su gente se impacienta,
y Colón una tregua de tres días,
pide tan solo para dar la vuelta.

Era el doce de octubre... En el oriente,
la luz del día alboreaba apenas,
y divisando un punto entre la bruma,
grita en voz alta un marinero: ¡Tierra!...

Era de Guanahaní la hermosa isla,
donde clavando la divina enseña,
tomó Colón, en nombre de los reyes,
posesión de las Indias descubiertas.

Oyó en ellas cantar al ruiseñor
en la espesura de la alegre selva

en el mes de noviembre, y vió los árboles
cubiertos de hojas, como en primavera.

Viendo los indios a los españoles
vestidos de los pies a la cabeza,
por hijos, reputándolos del cielo,
esquivaban, medrosos, su presencia.

Navegaban en ágiles canoas
de gruesos troncos toscamente hechas,
hallábanse desnudos y enmían
las espontáneas frutas de la tierra.

El almirante, ansiando vivamente
a los indios sacar de las tinieblas,
de su antigua barbarie y fanatismo,
en las indias fundó las Encomiendas...

A la vuelta de su primer viaje,
brinda a su rey, cuanto cargar quisiera,
con tabaco, café, barras de oro,
caña de azúcar, algodón y especias.

Este gran hombre que encontró en los
                                    [mares
un continente de extersión inmensa,
en su tercer viaje, como premio,
volvió a España cargado de cadenas.

Desde Valladolid, en su vejez,
escribiendo a sus hijo se lamenta
de no tener un miserable escudo
ni un techo que cobije su cabeza.

Y para más escarnio un florentino
que del grande Colón siguió las huellas,
en lugar de Colombia, consiguió
que el nuevo mundo se llamara América.

Más hoy en la gran Fiesta de la Raza
veinte naciones que hablan nuestra len-
                                        [gua,
a Colón aclamando, le tributan
la más alta y gloriosa recompensa.

CASTIZOS DEL REBOLLAR

A medio civilizar
como el jabalí montuno
de Jálama o del Villar,
vive apestando a cabruno
el payo del Rebollar.

El astuto campesino
de tierra peñapardina
es un pícaro ladino
que al señorito más fino
le puede enseñar doctrina.

Tendrá flojos los calzones,
pero en gramática parda
y taimadas intenciones
le da al más vivo lecciones
el payo de Peñaparda.

Delante de una carreta
de traviesas o carbón,
con su rústico jubón
y suelta la pañaleta,
se presenta en la estación.

Aunque cuente muchos miles
y guarde muchos novillos,
duerme en templados boiles
con animales cerriles
y no rompe calzoncillos.

Disparando bala rasa,
y no con copos de seda,

a todo el que se propasa
de noche a salir de casa
le apedrean en Liseda.

Los chavales rondadores,
para expresar sus fervores
a las jovencitas payas,
prescinden de lindas flores
y les tiran de las sayas.

Aunque frío el Rebollar,
en las fiestas de guardar
no luce el payo más ropa
que el calzón a medio atar
y el gran camisón de estopa.

Esta gala dominguera
ostenta en cualquier concejo
del país un chaval cualquiera
adornando la montera
con el rabo de un conejo.

La vividora aldeana
que campa en el mostajal
con sus calzas de peal
y el refajo de campana
es un tipo patriarcal.

Las zagalonas pulidas,
aunque de lana vestidas,
son por sus caras graciosas
parecidas a las rosas
en las praderas nacidas.

Con su prehistórico ajuar
y su carácter montuno
seguirá sin desbastar,
oliendo siempre a cabruno
el payo del Rebollar...

SANGRE DE TORO

Las novilladas en Robledales
son ya famosas desde la época
en que las razas emigratorias
se establecieron en esta aldea,
como nos consta por un dibujo
que se ha encontrado en una caverna,
en que aparecen cuatro cabestros
y unos jayanes sobre unas yeguas,
que doce astados y bravos toros
llevan corriendo a campo traviesa,
cruzando arroyos y matorrales.
para encerrarlos en una cerca
de gruesos troncos de viejos robles,
sobre las uales ya los espera
una manada de trogloditas
que visten toscas pieles de fieras
y que manejan enormes porras
para rompérselas en las testas...
Sobre los troncos unos caribes
comen un trozo de carne fresca,
quizá de cerdo, quizá de cabra,
y beben vino por una cuerna...
Hay una ruda banda de música,
no de flautines y de trompetas,
sino de cuernos y caracoles,
cual corresponde a la edad de piedra,
y tanto soplan los que los tocan
que algunos casi ya se marean...
Sale el cacique de aquella tribu
con unas barbas de vara y media
y unas flotantes plumas de ganso,
de odorno, encima de la cabeza

127

y, como cetro, saca una tralla,
cual si estuviera domando fieras...
    Junto al cacique se ve un esclavo
que es el que toca la pandereta
con la que indica cambios de suerte...
¡Cómo relincha la plaza entera!...
¡Cuántos adanes hay ya beodos!...
¡Qué trajes lucen las hijas de Eva!
    En unos tiempos tan primitivos
nada me extraña que éstas vistieran
una zamarra de piel de reno
para librarse de la inclemencia
de nuestros climas tan peligrosos,
dejando libres brazos y piernas...
    A garrotazos matan un toro,
de sangre llenan una cazuela
y van bebiendo, después que brindan
por el gran oso de las cavernas...
    Cuando se hartan de la matanza
de pino encienden una gran tea
y confundidos alegremente
en torno de ella van dando vueltas,
habiendo saltos tan violentos
que hasta los toscos dólmenes tiemblan...
    Los trogloditas tienen la cara,
ya como osos llenos de fuerza,
ya como zorros llenos de astucia,
las dos virtudes que más aprecian...

—

    Según los datos que un arqueólogo
halló grabados en la caverna,
las novilladas en Robledales
datan, al menos, de aquella época
en que los hombres eran salvajes
y aun retozaban en plena selva...

EL DESAPARECIDO

De aquel hijo que tenía
en el puesto de Anual,
no he vuelto a tener endicios,
naide me dice ande está...
¡Ay, quién pudiera con él
celebrar la Navidad!
Ni porque escribo al menistro,
ni anque escribo al general,
ni anque pregunto a los otros
soldaos del mesmo lugar,
nenguno sabe ande para,
nenguno sabe ande está...
Unos dicen que está muerto,
otros que en el hespital,
otros que está prisionero
y algún día volverá;
pero... van pasando meses
sin poderlo averiguar
y sin tener carta suya,
y ésta es la peor señal...
¿Estará en la morería,
preso en algún aduar,
sirviendo con algún moro
por un pedazo de pan
(que es la última esperanza
que ya me puede quedar)?
¿O estará el pobre tendío
en alguna barrancá,
de los lobos devorao
y picao del gavilán,
sin que sus sagraos restos
se puedan nunca enterrar?

¿Pa qué quiero yo los *miles*,
y los granos del desván,
y las cabras del tapao,
y las reses del bardal,
si no tengo nengún hijo
que lo pueda disfrutar?...

No me des vino, Francisca;
Francisca, no me des pan,
que no lo puedo beber,
que no lo puedo tragar...

Si no me puedo dormir,
¿pa qué me he dir a acostar?

Que se callen los zagales
que cantan en el portal;
no quiero oir las campanas
que repica el sacristán,
que esos cantos y esos toques
me suenan a funeral...

Esa luz que has encendío
no la apagues en jamás,
que esté ardiendo día y noche
por el alma del zagal...

¿Qué será del nuestro hijo?...
¿Sus güesos ande estarán?...

La mayor pena que tengo
es si huyó a la desbandá,
a si entregó el armamento
pa alcanzar la libertad,
y los traidores del Riff
lo tumbaron por detrás.

Pero, si murió matando,
se portó como un leal
y su muerte es una honra
pa mi triste ancianidad...

¡Ay, quién pudiera saber,
hijo querío, andes estás!...
¡Ay, quién pudiera contigo
celebrar la Navidad!...

* * *

Francisca, tocan a misa;
deja, deja de llorar...
Vamos a rezar, si quieres,
por el alma del zagal...

APAÑANDO LA HOJA

—¿Dónde va la niña con el collarín,
la de ojos azules, rostro de carmín?
¿Dónde va la niña con ese rastrillo?
—A apañar las hojas del bosque ama-
[rillo?
—Es que hay en el bosque lobos trai-
[cioneros.
—Es que voy armada de agudos aceros.
—Es que, acaso, pierdas esa cruz de oro.
—Es que en todas partes guardo mi te-
[soro.
—Es que hasta tú misma te puedes per-
[der.
—Es que hasta en el monte soy buena
[mujer...
Hacia el alto bosque vénse caminar
las madrugadoras mozas del lugar.
Las que ayer lucían en la procesión
las mantillas negras y el blanco mantón.
Las que ayer bailaban en la romería
de Nuestra Señora la Virgen María.
Las que le ofrecían cirios adornados
de cintas de seda y lazos bordados.
Hoy todas armadas van con el rastrillo
a apañar la hoja del bosque amarillo...
La mata de robles, verde y hechicera
durante los meses de la primavera;
el vecino bosque, fragante y lozano
en los apacibles meses del verano,
hoy ya está desnudo del verde follaje
que hace poco era gala del paisaje.

Hoy tan solo quedan los robles escuetos,
como descarnados fríos esqueletos.

Hoy sus mustias hojas que ya no dan
[sombra,
cubren todo el suelo de tupida alfombra.

Por eso las mozas van con el rastrillo
a apañar la hoja del bosque amarillo.

Por eso va al monte la del collarín,
la de ojos azules, rostro de carmín...

Helechos y hoja juntan en montones
que bajan al pueblo en los carretones.

Y allí, en los boíles y en los cabañales,
sirve de mullico a los animales...

El bosque desnudo, triste y silencioso,
durante el invirno descansa en reposo.

Tan sólo va a él algún leñador
a tumbar un roble que le dé calor.

Tan sólo, pastando, lo suelen cruzar
los hatos de cabras del viejo lugar...

REZADORA

En una pobre casilla
de un extremo de Castilla
habita una pobre anciana
que es la mujer más cristiana
que hay en toda la villa.
　　Tiene, a falta de vecinas
que le den conversación,
un nido de golondrinas,
que le hablan, parlanchinas,
con su gárrula canción.
　　Y en un verde mostajero
a la puerta de su choza
hay un nido de jilguero,
que le canta placentero
y que el alma le alboroza.
　　Torpemente dibujadas,
tiene en la pared pintadas,
entre borrón y borrón,
las imágenes sagradas
que hay en toda la región.
　　Así la pobre casita
donde la mujer habita,
que es un mísero portal,
parece una santa ermita
o una corte celestial.
　　Ella prodiga consuelos
a todos los desgraciados,
y con rezos prolongados
ella encomienda en los duelos
las almas de los finados.
　　Si alguna vez en su hogar
la vieja llega a entonar

alguna humilde canción,
es el canto popular
de la Sagrada Pasión.

Vive miserablemente
del trabajo de sus manos
y del puchero caliente
que le dan frecuentemente
los piadosos aldeanos.

Esta pobre mujercilla
es inocente y sencilla
y su devoción es tanta
que las gentes de la villa
la llaman la *mujer santa*...

EL BORREGO DEL MONTE

En un día de diciembre,
sin cesar el aguacero,
en los campos y lugares
va cayendo, va cayendo.
Es una lluvia *meona*,
como dicen en los pueblos;
un agua de *mojabobos*
es esta que está cayendo,
pues parece que no llueve
y salís sin el berrendo,
que es vuestro impermeable,
a los prados y a los *huertos*,
y cuando volvéis a casa
traéis calados los huesos.
¡Pobrecitos, estos días,
los pastores y cabreros,
que van hechos una sopa
por los altos vericuetos
con una pesada manta
que le cuelga del pescuezo,
en la que el agua penetra
empapándoles el cuerpo!
Aunque quieran hacer lumbre
con escobas y con brezos
para secarse la ropa,
no los deja el aguacero
y así tienen que aguantarse
hasta que vuelven al pueblo
Protegido de un paraguas,
poco a poco voy subiendo
esta tarde hasta la Mata,
inmediata al cementerio,

encontrando a un pastorcillo
preocupado y desinquieto,
por que de menos ha echado
en la piara a un borrego,
temiendo que ha sido presa
de algún lobo carnicero...
Yo le digo: —No te fíes
de los lobos de dos remos,
que también salen a carne
cuando llueve en estos cerros...

Bajo a casa obscurecido
y en las callejas del pueblo
veo escurrirse a un gitano
cargado con un borrego...
—Oye, ¿cuánto te costó?...
—Voy de priza, cabayero...
—Espérame... —No pué zer...
¿No vé ozte que eztá yoviendo?...

TIPOS CASTIZOS

No hay blanca margarita en sus pra-
[deras
ni colorada rosa en la espesura,
a las que no aventaje en hermosura
la bella montaraza de Roseras.

Sus diez y seis floridas primaveras
llenan de encanto su gentil figura
y por ella sus himnos en la altura
entonan las alondras mañaneras.

No hay moza en la comarca que en be-
[lleza
pueda rivalizar, ni en gentileza,
con esta joven agraciada y linda.

Ni de los mozos hay otra rapaza
tan querida como esta montaraza
que el dulce nombre lleva de Florinda...

II

En olvidada aldea campesina
de la fría meseta castellana
hay un cura con mísera sotana
que apoyado en un báculo camina.

Como no tiene prado ni cortina
no tiene yegua torda ni alazana,
y caminando va a la pata llana,
si tiene que servir la aldea vecina.

No lo dejan cazar en el potril
ni se quitan los payos el sombrero
ni se dejan guardar en el redil.

Porque saben que cobra más dinero
en España cualquier guardia civil
lo mismo que cualquier carabinero.

CARTA CHARRA

Me alegraré, Maritonta,
que al recibir esta esquela
estés mejor de salud
que tu agüelo, que chochea.
Empezaré por decirte
que una carta lugareña,
pa que guste como el pan,
entre burlas y entre veras
ha de tener rica miga
debajo de la corteza.
Como sabes, en Bardales
sufrimos las inclemencias
de la falta de pecunia
y de la naturaleza.
Nuestro tren es un borrico,
la luz, una candileja,
una ermita la parroquia
y un campito la plazuela.
Cuando llueve nos calzamos
las chamancas portuguesas
y vamos masando lodo
por torales y callejas;
y hasta en casa nos mojamos
por tener muchas goteras...
Han fallecido estos días
dos personas en la aldea:
uno se murió de hambre
otro de una borrachera:
Aunque van algunos curdas,
los que quedan no escarmientan

Los vaqueros han jincao
dos lobatos en la edesa,
pero quedan más lobatos
escondidos en la aldea...

Aquel mozo forastero
que tenía tan revueltas
a las mozas del lugar
se despidió a la francesa...

El martes entre dos luces,
al ver salir de la iglesia
una boda de veyudos,
le esparrió la cigüeña.

He sabido, Maritonta,
que estás la mar de contenta,
diendo al cine en los domingos
con un quinto que te obsequia...
Mucho ojo con el quinto,
con el cuarto u lo que sea...

El mozo que te conviene
es Jeromo, que aquí herieda,
según dice el abogao,
muchas bardas en la sierra...

Memorias a doña Rita
y me mandas ropa vieja
que en el pueblo, a mucha honra,
yo bien sé quién la aprovecha.

Y, si cobras el tremestre,
me girarás una letra
pa pagar al panadero
unos picos de la cuenta...

Por no tener calendario,
cierro esta carta sin fecha,
en un papel que encontré
a la puerta de la escuela...

Tu agüelo el tío "Carrascón"
y perdona la indirecta...

TRABAJOS EN PROSA

UNA CIUDAD

He pasado un día de fiesta en la vieja ciudad castellana. ¡Qué encantos tiene para un poeta el día de fiesta en la vieja ciudad!...

A las diez he estado en la Catedral oyendo con religioso silencio el dulce semitonado de canónigos y beneficiados que rezan sus salmos en el coro, haciéndome gustar la divina poesía de los sagrados libros; he oído una sublime lección del Evangelio que nos explica un prebendado, y he visto con delectación las suntuosas ceremonias de la liturgia cristiana; después he dado una vuelta por el templo catedralicio viendo los retablos, las tallas del coro y la belleza arquitectónica del viejo monumento; he visto los sepulcros de obispos, magnates y guerreros y he pasado al claustro, que ha dejado en mi ánimo una impresión de armonía, de paz y de misterio.

A continuación he visitado otras iglesias, en algunas de las cuales he visto impreso el sello del bello arte cristiano.

Después de tomar un refrigerio con antiguos amigos en la fonda, me he despedido por un momento de ellos, para subir a lo alto del castillo, que fundaron y temporalmente habitaron reyes castellanos, famosos en la historia, que hicieron de la ciudad una de las más importantes durante una larga época de no interrumpidos combates intestinos y con los enemigos de la patria.

Me he detenido ante las fachadas de los palacios de la antigua nobleza que ganaron tan altos honores sirviendo a sus reyes con su peculio y con la vida, en defensa de la patria.

He visto vestigios ya borrosos de la época romana, y conventos, convertidos en establos y coronados de nidos de cigüeñas.

Paseando por el muro ne visto torres mutiladas y sillares fracturados, recuerdos imborrables de algún sitio glorioso.

He descansado un rato comiendo con militares y anónigos en la fresca sala de una fonda; después he paladeado, en compañía de los mismos, mi tacita de café, en tanto que sobre el tapete verde ruedan las blancas bolas del billar, y entran y salen los señores de la ciudad, cuyos nombres ignoro, pero cuyas caras, de antiguo, me son muy conocidas.

Por la tarde, recorro las verdes alamedas a orillas del río; me interno en las huertas tapizadas de verdura y nabitadas de humildes labriegos; paso sin detenerme por los jardines y paseos públicos, lugar preferido de las gentes elegantes; y me asomo al cementerio, cuyas tumbas de mármol guardan restos de claros linajes, ya convertidos en polvo.

Y como la vida es un viaje continuo, sin más estación de desembarque que el sepulcro, y es la hora de arrancar el tren, me dirijo a la próxima estación, donde los de la ciudad despiden a sus amigos y familiares, y yo me despido de mis dos, tres, cuatro amigos, y de la vieja ciudad, cuyas torres, al rodar del tren, van alejándose de mí en el fondo azul del horizonte.

LA BIBLIOTECA...

A las once del día, de un domingo, acabo de penetrar en el gran salón de lectura de una biblioteca pública, en una gran ciudad universitaria, biblioteca en cuyos estantes duermen el sueño de los justos, ya que no algunos el sueño de los condenados, unos *setenta mil* volúmenes de toda clase de libros que aquí han ido almacenando varias generaciones de sabios, consagrados no sólo a estudiar todas las ciencias divinas y humanas, sino a comunicarlas a los curiosos lectores de su tiempo y de las futuras generaciones, escribiendo éstos infinitos libros, que, como un inmenso mar, se pierden de vista.

Desde luego nuestra tarea se facilitaría si los famosos críticos manchegos: el cura y el barbero de Argamasilla, arrojaran al corral gran parte de estos libros, hoy sencillamente inútiles para la verdadera cultura del pueblo, por haber sido muchos de ellos rectificados posteriormente por el mayor progreso de los tiempos, siendo hoy su conservación un triste testimonio de los errores en que a través de los siglos, ha ido cayendo la flaca humana inteligencia, tropezando como los niños, cayéndose y levantándose, cual éstos, para aprender a andar, paso a paso, en pos de la luz de la verdad.

Y si en la biblioteca de Don Quijote,

que le trastornó el seso, hubo que hacer
un severo escrutinio, por obra del licen-
ciado y el barbero, auxiliados por el buen
deseo del ama y la sobrina, echando al
fuego la mayor parte de aquellos libros
mentirosos, y dejando sólo los pocos buenos que encontraron, para curar de su
locura al pobre hidalgo y evitar el con-
tagio de otros muchos; de igual suerte,
sería muy cuerdo hacer otro severo escrutinio en estas inmensas bibliotecas pú-
blicas, de donde pueden salir muchos Don
Quijotes, con la cabeza trastornada, o por
lo menos vacía de verdadera ciencia, que
muchos de estos libros no pueden enseñar; respetando y conservando los muy
pocos buenos libros que en el mundo se
han escrito, para enseñanza, perfección y
deleite del hombre...

* * *

Pero a estas horas no encuentro más
que media docena de lectores en el salón de lectura de una famosa biblioteca
pública de una ciudad universitaria de
tradicional prestigio en el mundo...
Lo que me hace formar el juicio de que
la biblioteca es un gran cementerio, en
cuyos innumerables nichos yacen sepultadas las *momias* de millares de volúmenes que a nadie interesan, y hasta los
empleados, más que los auxiliares del bi-
bliotecario, me parecen los enterradores
del empolvado y vasto cementerio...

CRITICA VULGAR

El arte de la crítica es uno de los que con más gusto ejercemos todos los humanos.

En la infancia despierta ya en nosotros la facultad innata de la crítica, que empezamos a ejercer admirando a los que más se distinguen en la escuela y censurando a los más calaveras y borricos...

El joven rudo del campo ejerce la crítica ponderando la "fuerza bruta", es decir, el esfuerzo físico y la desenvoltura de algún compañero suyo para arar una tierra, para cavar un huerto, para segar una hoja, para montar un caballo, para mancornar un novillo, para cargar un saco de dos fanegas, o para beber sin respirar media azumbre de vino...

En los pueblos que están aún en estado primitivo, los favores de la crítica son para el "Hércules" de la localidad, que es el que tiene las extremidades más fuertes, las espaldas más anchas y la voz más cavernosa, el que mejor blande el garrote, el que mejor esgrime la faca, el que ha hecho más atracos y el que ha pinchado más veces...

En las ciudades, como más cultas la crítica pone en candelero a los que habitan en palacios, a los que ostentan títulos nobiliarios, a los que lucen entorchados, a los que poseen gran fortuna, a los más flúidos de palabra, a los hombres de más mundo, a los que saben más gramática parda...

Y tanto en las ciudades como en los pueblos la inmensa falanje de los profanos nos creemos capacitados para someter al fallo de nuestra crítica a los especialistas en cualquier profesión, arte u oficio; y así la crítica del público contribuye poderosamente a hacer al mejor abogado, al mejor médico, al mejor orador, al mejor periodista, al mejor poeta, al mejor músico, al mejor tenor, al mejor autor dramático, al mejor actor, al mejor pintor, al mejor escultor...

Tanto es así, que todos los profesionales, como consagración definitiva para llegar a la meta, aspiran a la del gran público, pues la crítica del especialista, que es la única razonada, queda anulada ante la crítica incontrastable de la enorme masa humana, que es la que se impone...

¿Qué más?... Hasta en el orden moral ejercemos la crítica tan irreflexivamente como en los casos anteriores, no siendo, generalmente, el móvil de ella el desinteresado amor a la verdad, sino los sentimientos de simpatía o antipatía, o razones aun menos nobles, que franca o solapadamente nos inclinan en pro o en contra de aquellos, cuyos actos criticamos... Es, pues, muy discutible en todos los terrenos el valor de la "crítica" del vulgo irresponsable.

¡EL POBRE LABRIEGO!

¿Acaso no fué una vieja ciudad castellana, templo del saber, monumento de
la piedad, baluarte del valor y fiel ba-
lanza de la justicia, donde un ingenio so-
carrón, suma y compendio de la legisla-
tura española, dijo ya hace muchos años
aquella frase lapidaria que hizo época
en la historia gloriosa de la ciudad, tan
sabida de los niños y no olvidada de los
viejos, constantemente repetida por los
"parásitos" de todas las castas, como sal-
voconducto y justificación de su voraci-
dad insaciable, y escarnio y vilipendio, al
mismo tiempo, de los humildes, de los su-
fridos cultivadores de la tierra?...

¿No fué, si la memoria no me engaña,
dentro de esos históricos muros, repre-
sentación de la castellana hidalguía, donde un cerebro, que no estaría lleno de
serrín, a juzgar por su agudeza, concibió
en un momento feliz, en un momento
inspirado, aquella idea genial, aquel pro-
fundo concepto que, vestido con el ro-
paje de la palabra articulada, quedó como esculpido en duro mármol en esta
sentencia gracianesca: "Al charro y al
limón... estrujón?...

En esta amarga frase está resumida la
odisea, está expresado el éxodo, está ex-
puesto el calvario del pobre labriego castellano... Es la consigna, es el santo y
seña, es el toque de clarín para confa-

bular en formidable falange todos los
desenfrenados apetitos, todas las codicias
y todos los ensañamientos en contra de
esta humilde clase labradora, sustento de
la nación, relicario de la historia, archi-
vo de la hidalguía, sagrario de la vir-
tud, escuela de las honestas costumbres,
y sangre generosa de la patria...

Por esta falta de piedad y conmisera-
ción, oh pobre labriego de mi esquilma-
do terruño castellano, te veo a todas horas cruzar los campos con la tristeza en
el semblante, con la pena en el alma, con
la anemia en la sangre, con el andrajo
en el vestido, con la penuria en el bolsi-
llo, con la hipoteca en la heredad, con el
embargo en el ganado... y con todas las
plagas de Egipto que llueven sobre tus
hombros, teniéndote siempre con el agua
al cuello y no dejándote ni un momento
de paz en todo el día, ni conciliar el sueño, consuelo del triste, en la interminable noche...

Esta tierra estéril, que, por falta de
medios, no puedes hacer producir, cuyos
menguados frutos no son para tí, porque con ellos no te basta para atender
a las infinitas gabelas de que fuiste siempre víctima, esa tierra que Dios te dió
y que debiera ser tu "paraíso", después
de penalidades sin cuento, vendrá a ser...
tu "cementerio".

EL MAJADAL

Es un pueblecito "El Majadal", donde los "majadaleños", viven aún como borregos, en 'majadas", mordidos de los lobos y aporreados por la cayada del iracundo mayoral..

De este pueblo modelo importa a ustedes saber algunas menudenciass, en la seguridad de que, visto uno, por él conocerán a los demás, sin necesidad de visitarlos; tarea nada fácil en un país dotado de intrincadas veredas por caminos y de sarnosos jumentos por cómodos vehículos.

Al llegar a "El Majadal", si es invierno, encontrarán ustedes las calles llenas de fango, en que los borricos de mis paisanos hunden los cascos, bien herrados; y, si es en verano, estarán llenas de polvo, sobre el cual, al dejar el pesebre acostumbran a revolcarse...

Los "semovientes" de "El Majadal" suelen hacer aguas mayores y menores en los rincones de la plaza y de las calles; los menores a cualquier hora del día y los de más alzada, entre dos luces, limpiándose después con el faldón del aparejo.

Los "majadaleños", como animales carnívoros, comen el tocino rancio y las ovejas muertas de lóbado, y como herbívoros hártanse de cebollas y ajos crudos, cuyos fétidos vapores están eructando todo el día; y como poco aseados en sus cuerpos, mantienen en sus carnes desmedradas una gran pastoría de "chacales", que jamás los abandonan, a fuer de bien criados, y que poco a poco se los van comiendo vivos.

Sus casas son chozas con el piso de arcilla y el artesonado de jaras, cubiertas de tejas, sin otra chimenea que las grietas del techo, verdadero "cielo raso", por donde se cuela la benéfica lluvia.

Algunos se acuestan, y no sé si duermen, en camas arrinconadas, como en madrigueras, en lóbregas alcobas, infestadas de "chinches"; otros enroscados, como mastines, en la lancha de la lumbre y otros sobre el heno del boil, como pacíficos rumiantes.

En la iglesia, se sientan las mujeres en las frías y húmedas baldosas; y, como frecuentan tanto la cuadra y la pocilga, dejan el suelo, sobre todo en los domingos, lleno de esas negras saltadoras... e insaciables chupadoras, en correcto español, llamadas "pulgas".

En fin, señores, la escuela de "El Majadal", es una cueva inmunda de pavimento de tierra, paredes de barro y tejivana, muy parecida al portal de un mesón y oliendo no a jardín, sino a "corral de concejo"; por lo que, sin duda, las madres "majadaleñas", cuando en las mañanas envían a sus hijos a la escuela, suelen decir en gráfico estilo, no exento de ironía, que mandan... "los chicos al porquero"...

... ...

¡Hemos visto un pueblo primitivo de la meseta desolada.

CARRERA DE GALLOS

Del natural

En "Navahonda" no hay toros ni máscaras en carnaval; pero hay otro festejo de los tiempos primitivos, digno, como nota colorista, de ser registrado en la prensa y consignada en la historia de un pueblo.

Este festejo son las carreras de gallos...

Tiéndese una cuerda en el aire de uno a otro lado de la plaza, de la que pende, atada por las patas, la inocente víctima, o sea un hermoso gallo, que momentos antes, encaramado en la tapia del corral, cantaba altanero y retador: ¡qui, qui, ri, qui...!

A toque de cuerno, todas las clases de "Navahonda", arremolínanse en la plaza, pintorescamente mezclados y confundidos el labriego y el pastor, el carbonero y el tratante, los viejos y los mozos, la decrépita abuela y la moza rozagante.

Dos o tres jayanes dotados de buen pulso se encargan de bajar y subir la cuerda, tirando de uno de los extremos, al pasar vertiginosamente corriendo bajo de ella los apuestos caballeros, encargados de ir decapitando a las víctimas, recibiendo como remuneración de su trabajo las encrestadas cabezas de los gallos...

Suelen correrse unos cincuenta gallos,

teniendo que sufrir cada uno de ellos como mínimum, cincuenta tirones de gañola, antes de quedar "acéjalos", o descabezados...

El que más y el que menos, procura enjaezar su cabalgadura, lo más gitanamente posible, adornando con vistosas colchas la montura, y la cabeza y la cola con cintas y penachos...

Los impacientes caballos y nerviosas jacas, heridos por la espuela, salen como disparadas flechas a rápido galope, cual si trataran de acometer a un denodado ejército que les espera con la bayoneta calada, y al pasar bajo el gallo, empínase el jinete bien afianzado a los estribos, y alargando la diestra vengadora, le da un formidable tirón, quedándose con algunas plumas en la mano...

Tras este Cid Campeador pasa la avalancha de los caballeros, quedándose todos con plumas, y uno de ellos—desde luego el más hercúleo—con las rojas péndolas del atribulado plumídeo... La sangre de la víctima corre a borbotones sobre la torva cara del verdugo, y en la multitud que presencia el espectáculo estalla un aplauso estruendoso y frenético, en honor del héroe que se aleja orgulloso con el ensangrentado apéndice en las garras.

La emoción llega al máximum cuando el gallardo jinete lleva a las ancas de su fiero bruto una valiente "amazona", que, cual si la clavaran en la silla, como un rayo, cruza la pista, guardando el equilibrio más perfecto en tan peligrosa y rápida carrera...

* * *

En "Navahonda" no hay toros ni máscaras en carnaval, pero hay unas carreras de gallos, que a los enterados en la "historia", nos recuerdan las ínclitas hazañas de los gladiadores en el circo de la antigua Roma, y nos dan una idea de los mártires devorados por las fieras...

LOS CURDAS

En él pueblo de "Rinconada", como en los demás que le rodean, hubo siempre aficionados al juego de la parra, que pueden pasarse varios días sin comer, sin dormir y sin beber agua, pero ni uno solo sin beber vino en todos los establecimientos del lugar...

Hace un año paseaban las calles de "Rinconada", aunque dando algún traspiés, el tío "Zorra", el tío "Vencejo", el tío "Perniles" y el tío "Sanguijuela", desayunándose diariamente con copas de aguardiente en los diez "cabarés" del villorrio y soplando luego vino todo el día, teniendo la máquina siempre bien provista de gasolina, para no pararse nunca el motor.

El tío "Zorra" era contratista de obras, que dejaba siempre a medias, por formarse un lío en la cabeza con el plano diseñado...

El tío "Vencejo" era forjador de hierro, que fácilmente solía destemplar la herramienta que aguzaba, no por tener poca agua en el pilón, sino abundancia de vino en la fragua del estómago...

El tío "Perniles" era molinero que, cuando la cogía gorda, pasaba la noche durmiendo, sin oír la cencerra, moliendo chinas en vez de moler grano...

Y el tío "Sanguijuela" era del gremio de carpinteros, que a lo mejor se empeñaba en ponerle cinco pies a un tajo, cuando solo tiene cuatro...

Como se puso cara la gasolina en "Rinconada", los cuatro "curdas" tuvieron que vender la herramienta, y el día que también se bebieron la herramienta, hecha vino, se acabó la gasolina, y se pararon los motores...

El tío "Zorra" pescó un catarro en el andamio, y con el último jarabe de aguardiente que tomó para curarlo, se fué a la sepultura...

El tío "Vencejo" contrajo junto al yunque un transtorno intestinal, y con el último purgante de coñac que tomó para aliviarse, la diñó a los pocos días...

El tío "Perniles" sufrió una noche en el molino una parálisis parcial, y a pesar de tomar unos reactivos de aguardiente de cabeza, no volvió más a mover pie ni oreja...

En fin, el tío "Sanguijuela" cayó con pulmonía, por un aire colado en el taller, y a pesar de aplicarse unas cantáridas, mojadas con alcohol, no pudo reaccionar y se murió...

* * *

Estas cuatro víctimas del alcohol, inmoladas en un año ante el tabernáculo de Baco han dejado un ejemplo elocuentísimo a los demás "curdas" del lugar de "Rinconada", recordando a sus antiguos compañeros de armas y fatigas aquel viejo refrán, lleno de honda filosofía: Cuando las barbas de tus vecinos veais pelar, echad las vuestras a remojar...

GRUTA PREISTORICA

Como aficionado a los estudios geológicos, hago frecuentes excursiones a las sierras próximas a este pueblo, que forman parte de una ancha y dilatada cordillera coronada de peñascos.

En uno de mis últimos paseos, advertí que en uno de estos riscos y a consecuencia de las lluvias, había rodado una peña, dejando a descubierto la entrada de una cueva, en la que penetré, y, encendiendo mi mechero de gasolina, me dispuse a explorarla, creyendo que se trataría de una gruta, a lo más, de seis u ocho metros de larga; pero mi sorpresa iba aumentando por momentos, cuando avancé unos cien pasos y ví que el antro cada vez se iba ensanchando más en todos sentidos, por lo que la prudencia me aconsejó no pasar más adelante, hasta otro día que volviera acompañado.

Vivamente emocionado, con un descubrimiento tan sensacional, que tanto podía influir en el conocimiento de la primera edad de la tierra y quizá también de los primeros pasos del hombre sobre ella, bajé al pueblo y con la debida reserva, avisé a la primera autoridad y a tres o cuatro personas iniciadas, como yo, en estos estudios geológicos, y al siguiente día, provistos de linternas eléctricas, picos y azadones, y una pistola cada uno, por lo que pudiera resultar, nos internamos en

la lóbrega gruta, bajo la cúspide de la Sie
rra, empezando por experimentar un
agradable calor, bajo la capa de nieve que
cubría la cima.

Próximamente llevaríamos a n d a d o s
unos 200 metros, cuando empezamos a
descubrir unos gruesos pilares que des-
cendían del techo y terminaban en el suelo, como si fueran las columnas que soste-
nían aquella enorme bóveda, a la que en-
focamos nuestras linternas eléctricas,
viendo que estaba llena de las más capri-
chosas estalactitas, algunas de las cuales,
agrupadas en racimos imitaban grandes
lámparas, tachonadas de diamantes, pendientes de la bóveda de un templo; con-
tamos más cien gruesos monolitos o pi-
lastras, a lo largo y a lo ancho de la es-
paciosa gruta, compuesta de los materia-
les más ricos y de variados colores y re-
flejos, el blanco, el rojo, el azul, el viole-
ta, que hacen del recinto un lugar de ensueño y de leyenda.

Pero yo no me conformaba con estar en
presencia de una bella gruta, obra admi-
rable de la naturaleza, y sospechando que
pudo servir de refugio en la infancia de
la humanidad a los primeros pobladores
de la península, que hicieron sus emigra-
ciones siguiendo el curso de las cordille-
ras, manteniéndose de la caza y alber-
gándose en cuevas naturales contra las in
clemencias atmosféricas y los ataques de
las fieras, hice remover el suelo en varios
sitios y no fué en vano mi intento,
puesto que descubrimos varios sepulcros abiertos en la roca, casi a flor
de tierra, junto al muro natural de la
caverna, de los que pudimos extraer restos humanos y hasta esqueletos comple-
tamente fosilizados, de escaso ángulo fa-

cial, mandíbulas muy pronunciadas, colmillos salientes como los de jabalí y al extremo del cocix su correspondiente rabadilla compuesta de cuatro o cinco vértebras, signos, quizá, de próximo parentesco con el oso de las cavernas, o cuando menos, con el "mono sabio", progenitor de nuestra raza, según la teoría darwinista. En los sepulcros parecieron hachas de pedernal y punzones de hueso trabajados y hasta dibujados por la mano del hombre y también se notan toscos dibujos en una peña representando toros, corzos y jabalíes, naturales habitantes de estos riscos ya en aquellos tiempos.

Por último, hemos encontrado una vértebra de un reptil, de veinticinco centímetros de largo, correspondiendo, por consiguiente, al animal una longitud total de cincuenta metros.

Brindamos, pues, nuestro descubrimiento a los hombres estudiosos de la provincia de España y de todo el mundo culto, para que vengan a admirar esta nueva maravilla que la tierra nos ofrece.

EPILOGO

Sin aceptar íntegramente, aunque proceda de varones tan esclarecidos y ejemplares, el juicio riguroso que expresaron Fray Juan de los Angeles y el Beato Juan de Avila, cuando dijeron con sus plumas de oro que: "al fin se toma ya el sacerdocio como otro cualquier oficio mecánico, por entretenimiento o por modo de vivienda, para ganar de comer o para autoridad vana", y que "de aquí vienen muchos a tomar y hazer tomar este sacrosanto officio por tener un modo con que mantenerse, y hazerse entender que lo quieren para servir a Dios"; es lo cierto que el creyente sincero y escrupuloso, padece con excesiva y siempre dolorosa frecuencia esa impresión deprimente que nos produce el encuentro con el sacerdote frívolo y albendero, que pudiendo realizar, en la aldea sometida a su dirección espiritual, la más hermosa y transcendental labor de cuantas se ofrecen a la vocación del hombre, desbarata su vida y maleficia las ajenas, consumiendo las anchas jornadas cebándose en el ocio, o empleando la degenerada actividad en los más necios pasatiempos.

Por contraste, se regocija y tonifica

la conciencia, cuando tropezamos con uno de estos admirables sacerdotes, como el arrinconado y fructífero cura de Navasfrías, que sin descuidar la vigilancia de su rebaño, antes bien, mejorando la condición de las almas díscolas y resabiadas, apacentándolas con las enseñanzas de la divina palabra y del humano ejemplo de la propia conducta—que tengo por insuperable y eficacísima doctrina—, imita la noble y bella actitud del zagal, guardador de su hato, a quien, al pasar de largo y de lejos junto a su humilde vida, vimos, más de una vez, labrando con la cachicuerna el vástago recién cortado del fresno o del encino, que decoraba pausadamente, cubriéndolo de rústicos emblemas; o silbando tan lindamente en la tosca cañaheja, que parecía, su sonido, el dulce canto de un pajarillo más, entre los que le acompañaban y distraían desde su ameno y frondoso refugio.

Entretenimiento y quehacer de clérigos fué este apacible y cautivador de la poesía, en los albores del romance castellano, cuando el escrib diligente recogía en su celda monacal las estrofas que rodaban en boca del pueblo, y el archipreste corretón y mocero y el diácono sedentario y de voto desbravaban con la serreta de la metrificación el indómito lenguaje, al que trenzaron las revueltas crines y enjaezaron y embellecieron con los más vistosos y opulentos arreos. Tiene la clerecía, en los borrascosos momentos de la civilización actual, otros menesteres y ocupaciones más ingratos y apremiantes en qué emplearse; pero, por mucho que les agobien, a los curas de aldea, los afanes inherentes a su ministerio, siempre quedan aquellas horas despejadas, libres de cuidados, en las que almas, como las suyas, formadas en el cotidiano contacto con las lecciones evangélicas, que rezuman la miel de la mejor poesía por todos los resquicios de sus versículos, y en la comunicación constante con las tribulaciones y zozobras del corazón humano, debían apetecer, como el descanso y recreo más sabroso, la confidencia de sus propias experiencias espirituales, expresadas en aliviador monólogo, vertiendo, en verso o en prosa, el tesoro sentimental de tantas emociones embalsadas.

El sacerdote salmantino, autor de los versos que forman esta besana poética (donde brotan con idéntico impulso y con uniforme granazón y tallo, como hijos, todos, de la misma sementera); el cura de Navasfrías, después de celebrar su misa, de administrar todos los Sacramentos, de aleccionar a los fieles con pláticas sencillas y fervorosas, de visitar enfermos y de repartir limosnas, de comentar los sucesos locales y de informarse, por su diario madrileño, de los acontecimientos del mundo; luego de darse a los demás en la medida que su deber le impone y su cordialidad aumenta, se recoge sobre sí mismo, como quien cierra las puertas del Templo, y a solas, en la desmantelada celda de la ruinosa rectoral, o caminando bajo el buen sol por los senderos, o descansando en el rústico banco al arrimo de la retorcida higuera, en el rincón de su huerto, deja vagar sus ojos y su alma por los más gustosos vericuecos de su paisaje interior. No le dió el naipe por jugarlos en el laborioso tresillo, perdedero de la más florida juventud eclesiástica, ni le place andar de fiesta en fiesta, recorriendo las despensas y sacristías de las parroquias del contorno; pero, en cambio, se apasiona y envicia con aquellos viejos librotes, donde Fray Luis, Lope de Vega, Santa Teresa, Cervantes, le deslumbran con la apretada pedrería de los conceptos y la mágica claridad de los estilos.

Acaso no se hubiese lanzado a escribir versos, limitándose a disfrutar de tan excelentes manjares literarios; pero la lectura reiterada de Gabriel y Galán, le fué descubriendo el manantial poético que encerraba, entre la erudición florida, en lo más hondo de su pecho. Aquello que Galán cantaba—encinas y trigales, pastores y montaraces cuadros y panoramas campesinos—lo sentía él, lo había sentido él, antes de que lo viera reflejado en aquel maravilloso espejo; y aunque en tono menor, sin pretender emparejar con el poeta máximo y glorioso, comenzó a llevar a las hojas de un cuaderno las impresiones que dormían en la clara laguna de su alma. Tal como sus ojos lo vieron, retenidos con amorosa y detallada complacencia, minuciosas, a la manera del mejor cliché del realismo, pasaron del corazón a las cuartillas, en exacta y honradísima réplica, las mismas escenas campestres, con sus mismos fondos de cielo y tierra, sin que el poeta verídico, tan verídico cuanto ingenuo, se permitiese otra licencia que la de colorear sus obras con la suave filosofía de una advertencia moral, enderezada a lamentar dulcemente los excesos de los apetitos humanos o a derretirse en alabanzas de las costumbres y actos que considera virtuosos y honestos.

Es cierto como indica en su generoso proemio el señor Matallana, que los versos de don Matías García, al divulgarse entre la universitaria ciudad y sus filiales por medio de "La Gaceta Regional", encontraron una aceptación cariñosa, dándose el caso—que pude comprobar en mis excursiones por estos pueblos salmantinos—de que la gente aldeana conservase en los recortes, sacados del periódico, y, lo que es más singular, en la memoria, para repetirlos en recitaciones caseras, algunos de aquellos tan sencillos como celebrados poemas.

Quiere decir esto que la seca charrería, comprendiendo por intuición sentimental la riqueza poética que encierran esta tierra bendita, y los trabajos y tradiciones de sus hombres, está todavía sedienta de la mansa lluvia de los versos. Caídos, los de Galán, en forma torrencial e inesperada, como de una nube benéfica en la más extremosa y terrible sequía, calaron hasta las almas más empinadas y pedregosas, encauzándose luego, en caudalosa corriente, de la que vienen sirviéndose, a la manera de regantes y molineros ribereños, los

que desvían hacia su predio o su ace-
ña una parte mínima del inagotable
tesoro. Así resulta que Galán, a quien
se puede llamar, dulce y sacro río,
con las palabras que tuvo, para el
Tormes, Garcilaso, sirve unas veces—
como en esta—para dar impulso a la
rueda de la inspiración que fabrica
purísima harina en original molien-
da, aunque en otras ocasiones—tan
frecuentes como lamentables—se le
profana y humilla rodando sus estrofas como cangilones de noria para que prosperen las más prosaicas
y desabridas hortalizas.

Este "pan de trigo", como llama el
cura de Navasfrías a su hornada de
versos, está amasado a la buena de
Dios, sin mixtificaciones ni mermas.
Tiene su peso y viene marcado con
una cruz, como santificado por sus
manos piadosas. Un poco apretado y
macizo para los estómagos delica-
dos de la ciudad, hechos a los hojal-
dres y a los bollos minúsculos, en-
vueltos en papel de seda, como una
baratija de adorno; pero, no se ha
cocido para ellos, sino para quien
tiene el apetito fuerte y el hambre atrasada. Por mi parte, me sa-
tisfacen como la más delicada go-
losina de la repostería francesa, la
corteza tostadita y la miga candeal
de alguno de estos canteros o "res-
caños"

FERNANDO ISCAR PEIRA
Abril-1928.

INDICE

Págs.

Prólogos

El cura poeta   5
Prefacio del autor   8

Poesías

Entre encinas: La imagen... ...   13
Sajeras de Malvarín...   15
Labradora...   18
La tarde   20
Plaza lugareña   22
Devociones charras...   24
Aldea salmantina...   26
La hija del campanero...   28
La vaca y la burra   30
El Carrasco de Sajeras   33
Las niebla sdel Valle   36
Días de Otoño   38
Los montaraces   40
Los dos boyeros...   43
El Ruiseñor   45
El mirlo del Encinar   47
El Mendigo   50
Boda charra   52
El huerto clásico...   54

El herradero...   56
El canto del labrador...   58
Aldea perfumada...   60
Fiesta concejil...   62
El piojo   64
Entre montes   66
Lobo salmantino...   68
El Hidalgo   70
Boda del montaraz   72
La flor de la aldea   74
Venganza charra   76
Boda de candil...   78
Don Canuto   80
El hornazo...   82
Pueblo madrugador...   84
El hormiguero   86
Bala perdida   88
Las fiestas del lugar   90
Lagarteros...   92
El cuco   94
La pentera   96
Encinas venerables   98
Tierra charra... 101
Mi patria chica 103
Mesa del Conde 106
El prado de los fresnos... 108
Apañando aceituna 110
Campo de San Francisco 113
Dos ciudades hermanas... 115
Puerto de Perales 119
Extremadura: Panorama 121
El descubrimiento 123
Castizos del Rebollar 125
Sangre de toro 127
El desaparecido 129
Apañando la hoja... 132
Rezadora 134
El borrego del monte 136
Tipos castizos... 138
Carta charra 140